MARÍA TERESA CAMPOS

Agobios nos da la vida

MARÍA TERESA CAMPOS

Agobios nos da la vida

Edición especial realizada por Editorial Planeta, S.A.

Primera edición: julio 2004
ISBN: 84-08-05452-X
Depósito legal: B-30.353-2004
Impreso por Litografía Rosés

Impreso en España - Printed in Spain

Índice

Introducción

«¿Qué viven esos que dicen quiero vivir mi vida? Una vida no puede ser singular nunca. La vida es un más que nuestra vida: es un poco la vida de todos.»

JACINTO BENAVENTE

«Sobrevivir no es vivir.» Así reza el refrán popular y así lo repetimos la mayoría de nosotros de manera, creo yo, bastante irreflexiva. Porque, en realidad, la distinción no deja de ser un mero artificio. Vivir y sobrevivir no son categorías que puedan separarse porque eso sería tanto como informar al conductor de un coche que su intermitente funciona-no funciona, funciona-no funciona, funciona-no funciona... cuando en realidad lo hace correctamente y como debe ser.

Con el intermitente de la existencia humana pasa tres cuartos de lo mismo: el funcionamiento consiste en destellos que se alternan en una cadencia que, eso sí, varía para cada uno de nosotros.

En mi generación, mientras vivíamos el goce sublime de un primer amor inocente en la oscuridad de una sala de proyección, sobrevivíamos al ozono-pino con el que a cada rato nos rociaba la testa el acomodador, al NO-DO de los pantanos y los Planes de Desarrollo y al anuncio del Okal, que daba mucho dolor de cabeza a pesar de que anunciaba lo contrario.

Más tarde, cuando vivíamos el éxtasis de la lectura de Cernuda (Tras el dolor, la angustia, el miedo, / como niño al umbral de estancia oscura, / será el ceder de la conciencia; / mas luego recobrada, la luz nueva / veré, y tú en ella erguido), sobrevivíamos a la bomba de Palomares, a las carreras delante de los grises, a la emigración y a la voladura de Carrero.

En una ocasión oí decir al periodista Federico Jiménez Losantos que los españoles, antes que ciudadanos, somos supervivientes. Y razón, como en tantas cosas, no le faltaba, pero no creo que admitir tal aseveración signifique aceptar la supervivencia como una negación de la vida; ni ciudadana, ni agro-rural-bucólico-pastoril.

La vida, en lo bueno y en lo malo, es como un vestido... aunque aclaro que esto no se me ha ocurrido a mí. Es de Balzac, quien añadía para completar y aclarar: «... cuando está sucio se le cepilla, cuando roto, se le zurce, pero permanece cubierto con él todo el tiempo que puedas».

Para vivir, hay que sobrevivir cada día, cada instante de la vida.

Este librito que tienen en sus manos pretende ser, sin muchas pretensiones, claro está, como un manual de supervivencia. Una guía, amable a veces, socarrona, bienhumorada y pícara las más... y ácida, creo que sólo en uno de los temas. Un repertorio de consejos, experiencias, chascarrillos y cosas para sobrevivir al teléfono móvil, al fontanero chapuzas, a una hipoteca, a una comida de trabajo, a un novio o marido celoso, a los triángulos de amistad, a los varoncitos que desaparecen sin dejar rastro, al esposo que te abandona en la cincuentena, a la traición de una amiga, a la ruptura con el tabaco, a la menopausia, a un jefe mamonazo y a una mudanza.

Quisiera terminar como empecé, con una refrán, pero esta vez contradiciendo el toque amargo del primero. Debería escribir: «Hasta morir, todo es vida», pero en honor al cachazudo don Miguel de Cervantes, y preservando el sentido, concluyo con la sentencia: «Dure la vida, que con ella todo se alcanza.»

Con mis mejores deseos, va para todos ustedes, con un mensaje: vale la pena vivir, aunque sea sobreviviendo.

Espero que les guste y que les entretenga.

I

La casa de los líos

Un fontanero chapuzas

A veces, en el momento en que una menos se lo espera, surgen problemas que te atacan a traición y cuando está muy claro que tienes la guardia baja. En estas circunstancias es fundamental no dejarse llevar por los nervios y afrontar los hechos con serenidad, presencia de ánimo y todo lo que haga falta. Porque en esos difíciles trances, mucho más que el problema en sí mismo, el enemigo mortal es la confusión.

El primer paso hacia la meta, es decir, hacia la solución, no es otro que el de encarar la verdad desnuda, sin eufemismos o paliativos que la enmascaren, diciéndotela a ti misma de la manera más cruda y llana posible. Eso es lo que hice yo aquel día: me lo dije a mí misma:

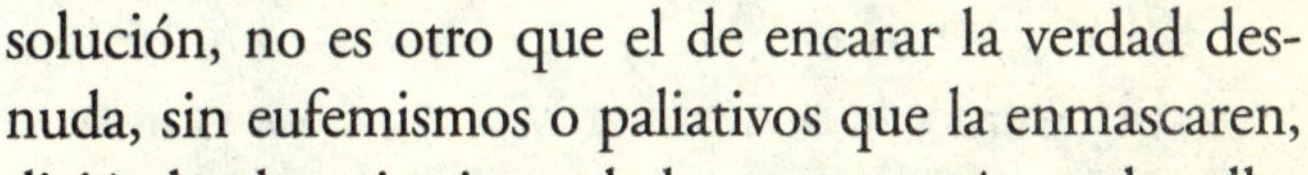

—El grifo gotea.

Para hacer más poética y sublime mi desazón, recité aquellos inolvidables versos de un completamente olvidado poeta francés: «*Le robinet pleure sur l'océan à porcelaine.*» Luego lo traduje en voz alta, para darme un respiro y un desahogo: «El grifo llora sobre un océano de porcelana-lana» (que diría Hilario en los muñecotes del Plus).

Había que aceptar la evidencia: el grifo del lavabo del cuarto de baño principal no cerraba bien, y unas gotas pertinaces, ¡oh viejas gotas voraces!, fluían con la misma gran indiferencia cósmica con la que suelen manifestarse las pavorosas catástrofes naturales: inundaciones, movimientos sísmicos, tifones, erupciones volcánicas, obras en Madrid, maremotos...

Había que solucionar aquel goteo de inmediato y decidí recurrir a un especialista por todo lo alto y, por otra parte, el que tenía más a mano en ese momento:

—Félix, parece que este grifo gotea un poco, ¿tú que opinas?

Félix es de Vitoria, doctor arquitecto, y me parecía que, en buena lógica, el más ducho en asuntos de instalaciones de la construcción inmobiliaria.

Félix observó el grifo y el lavabo detenidamente, se hizo cargo de la situación y con aire de gran concentración manifestó a una servidora lo siguiente:

—No parece que gotee; gotea, sin lugar a dudas.

Esto es lo que tienen las opiniones de un experto, que aunque sólo sea para confirmar el problema, te dejan como con esa sensación de que algo habrá que hacer. Además, te despejan la mente y te llevan a consideraciones de mayor calado que las que pudieran brotar de tu propio análisis de simple *amateur*.

—Pues, chico, habría que hacer algo, porque el agua es un bien escaso y quién sabe si esas gotas que hoy se pierden mañana pueden salvar la vida de...

—Sí, sí, desde luego hay que arreglar esto cuanto antes y... cambiar el grifo... quizá también el lavabo... ¡Eso es!, deberías aprovechar este feliz incidente y cambiar todo el cuarto de baño. ¿No querías instalar un *jacuzzi*? Pues ahora tienes una oportunidad que ni pintada. Trasladando el lavabo a esta otra pared, quitando de ahí la bañera, elevando esta repisa, alicatando hasta este nivel... además, el solado es de un pésimo diseño, así que, levantando un codo y poniendo un zócalo...

Los arquitectos son todos así: les encargas un modesto casetón para guardar las herramientas y no paran hasta que te montan un conjunto arquitectónico como el Rockefeller Center o las Torres de Kio. Así que, hay que atarlos muy cortito.

— ¡Para, para el carroooo, que aquí se trata de solucionar un goteo de grifo... nada más!

—¡Y nada menos! ¿Sabes lo que voy a hacer?, en el estudio tenemos a Carlos, un arquitecto técnico que en esto de las instalaciones hidráulicas es un fiera. Le voy a decir que venga, que te lo estudie y que...

—Y que me quite la gota montándose el transvase Tajo-Segura con varios ramales al Canal de Aragón y al de Isabel II para mí solita. ¡De eso nada, lo que voy a hacer es llamar a un fontanero!

—O sea, que lo tenías pensado y decidido... Entonces, ¿para qué preguntas? Si ni siquiera te paras a considerar las sugerencias que se te hacen, mejor no... pero, además, que no me parece a mí que... ¿sabes lo que te digo?, pues que yo, en este asunto, me lavo las manos.

Una vez que mi Pilatos particular hubo puesto los puntos sobre las íes, me lancé a las guías telefónicas y en unos minutos estaba colgada al teléfono, revisando nombre por nombre toda la profesión fontaneril. Empecé por los que creía más cercanos a mi domicilio, luego por los que aparentemente ofrecían más prestaciones, luego... luego empecé a desesperarme porque parecía que en la ciudad había un *overbooking* hidráulico con un sinfín de ciudadanos en peligro inminente de perecer ahogados en su propia casa. Aparentemente, no había un solo fontanero dispuesto a acudir en mi auxilio.

Al principio me atendían solícitos, probablemente gracias a mis capacidades suplicatorias adornadas con la voz más meliflua de mi registro, pero cuando se enteraban del caso, la desilusión era inmediata:

—¿Cómo, me quiere decir que está llamando por un simple grifo que gotea?

—Es que gotea mucho.

—Mire, no me haga perder el tiempo con gilipolleces de goteos ni sangoteos, pues era lo que me estaba faltando para el duro.

Uno, que no llegó a colgarme tras la frase de marras, me aclaró que en tanto no se tratara de cambiar todas las cañerías, poner el lavabo nuevo con grifería de imitación modernista-dadá y arreglar la cisterna, que no me molestara en insistirle a ninguno de los de la guía telefónica, que me lo decía por mi bien.

A punto de darme por vencida, un profesional compasivo me dijo desde el otro lado del hilo:

—Está bien, déjeme su teléfono y la llamaré cuando podamos acudir... que será lo antes posible, por supuesto.

—Y eso, ¿como cuándo viene a ser?

—Pues calcúlele... qué le digo yo... póngale dentro de quince días a eso de las tres o tres y media de la tarde.

—Y, ¿antes no es posible?

—Señora, ¿qué quiere que le diga?, es que la lista de espera es la lista de espera... esto es como el fútbol, que es así... porque el fútbol es así, ¿sabe cómo le digo?

—Pues...

—Pero vamos... que estoy mirando... ¡espere, espere, que me parece que va a tener usted suerte!...

sí, hay un trabajo que... vamos a ver, conste que no me comprometo en firme, porque siempre pueden surgir imprevistos, pero le puedo adelantar la visita a las ocho de la mañana... dentro de quince días a las ocho de la mañana... con la fresca.

—Oiga, ¿y no tienen ustedes una tarifa especial urgente para casos excepcionales?

—Pues no, pero podemos inventarla en un momento... si está dispuesta a pagar...

—¡¡Lo que sea!!

—Bueno, pues en ese caso... vamos a ver... estoy ahí en veinte minutos.

Dos días después y tras varias llamadas a horas intempestivas a la señora Vicenta, que le coge los recados, y al bar La Sanabresa Cuando Besa, conseguí que un fornido fontanero, con su enorme caja de herramientas, su soplete y su todo... estuviera en posición de firmes ante mi cuarto de baño.

—Oiga, perdone que le diga, pero, ¿usted no es la que sale en la tele?

—Pues sí... soy la de la tele.

—Claro, la que sale con la hija.

—Bueno, desde hace tiempo no.

—Ya, pero que no se me despinta. En cuanto la he visto... es que ha sido inmediato, verla y decirme: a que va a ser la Laurita... y justo, Laurita Venezuela.

—Valenzuela.

—Eso Verrezuela... pero que está usted igualita, igualita que en la tele... con su nariz, su pelo...

—Mis orejas, mis pómulos... pero, ¿le importa mirar el grifo de una maldita vez?... es que estoy fatal de tiempo y...

—Claro... y, a propósito, ¿a que no sabe usted lo que tiene que hacer?

—Pues no, por eso le he llamado precisamente, porque de grifos no entiendo absolutamente nada.

—No, si digo en la tele. ¿Sabe lo que tiene que hacer?

—No... es decir, sí, sé perfectamente lo que tengo que hacer.

—No, pero lo que yo... mire usted lo que le digo...

A mí, lo de mirar lo que me dicen siempre me ha resultado tan-complicado-de-todo-punto-imposible como *decir lo que me miren*, pero la gente se obstina una y otra vez en proponérmelo.

—Lo que usted tiene que hacer es sacarme por la pequeña pantalla de Prado del Rey.

—Me parece que se está equivocando de persona, de cadena y de todo...

—¡La que íbamos a armar usted y yo... usted me saca y yo voy y me pongo y cuento la intemerata! Y es que... lo que yo tengo visto en los cuartos de baño... La gente es que no se da cuenta, pero la vida de un fontanata es como para escribir una novela. Si yo le contara... el viernes pasado, sin ir más lejos...

—Es muy interesante todo lo que me dice, pero no quiero hacerle perder su tiempo, que sé que es escaso, así que...

—No, si por eso no se tiene que preocupar. Yo aprieto el reloj cuando voy a un servicio... a un servicio de curre, no de mear, se entiende... y las horas que sean. Cuantas más, mejor.

No quise caer en la mezquindad de ponerme a calcular el dineral que ya le había empezado a deber a aquel extravertido operario antes de que se hubiera dignado echarle un ojo al grifo llorón, de modo que aguanté el chaparrón con toda dignidad. Un chaparrón que se tradujo en tres cuartos de hora más de charla amena e instructiva hasta el instante en que decidí emplazarle de forma perentoria a que abordase mi problema.

Pero como todo llega en esta vida, de pronto pude contemplar la gallarda figura del fontanero mirando con extrema atención a mi grifo goteador.

Pasaron un par de minutos que a mí me parecieron tres veranos, hasta que muy sentencioso y docto fue y dijo:

—Buen grifo.

—¿Cómo...?, ¿qué?

—Que es un grifo magnífico... se lo dice un profesional, que de esto entiende.

Después, se inclinó sobre el lavabo, abrió el grifo a tope, lo cerró con energía, regresó a la magnitud inicial del chorro, volvió a la fase de goteo intermitente... que, por cierto, ya se había incrementado (probablemente como resultado de la violenta manipulación), pasando del gota a gota al hilillo fino pero continuo.

—El grifo es acojonante de bueno, pero acojonante... aunque la verdad es que pierde... ¿se da cuenta?, por más que lo cierro, gotea... ¡lástima! De todas formas es un buen grifo... vaya si es bueno el jodido grifo.

—Y, ¿con eso qué me quiere decir?

—Mire, doña Laurita, antes los grifos no tenían esta calidad. Estaban hechos de cualquier manera. Por eso, los grifos antiguos, a veces, también goteaban como éste. Entonces, como eran tan rudimentarios, los cogías, los desarmabas, le cambiabas la zapata, que era un simple trozo de cuero ¡ya ve usted qué tecnología de chicha y nabo! Pues le cambiabas la zapata y... al avío. Pero este grifo suyo no es cualquier cosa... un verdadero instrumento de precisión. Nada menos que todo un monomando y monobloque de flujo controlado, para fría y caliente, con rótula esferoidal de presión inercial... o algo por el estilo. Ya le digo: alta tecnología, nuevos materiales, muy delicado. Yo, ¿qué quiere que le diga?, en estos casos, no soy nada partidario de abrir.

—¿Y qué hacemos?

—Pues tirarlo... bueno, primero quitarlo, después tirarlo y luego poner uno nuevo. Vamos, si no quiere tirarlo, puede guardárselo, porque ya le digo que el grifo es una obra de arte... así que, si le parece, mañana vuelvo con el grifo nuevo y ya vemos como está la cosa... que a mí esto me da muy mala espina.

—¿Cómo dice?, no le entiendo.

—Pues que nunca se sabe, señora Venezuela. Un grifo sólo es la terminal, el último eslabón de un complejísimo sistema de conducciones, constantemente sometido a grandes presiones inerciales... hidrodinámicamente hablando, no sé si me entiende. Porque lo que está claro es que aquí hay humedades pero que muy sospechosas.

—¿Eso?, eso es lo que usted ha salpicado antes, abriendo a tope y cerrando veinte veces...

—Eso le parece a usted, que es lega en la materia, porque... y es un suponer, usted no sabe lo delicado que es un bote sinfónico.

—Delicado, ¿en qué sentido, en que sólo admite música sinfónica de Mozart o qué?

—¿Ve usted lo que es la ignorancia? Eso de sinfónico no viene de música, sino de la forma que tiene dentro, que es como de sinfón.

—Ya sé lo que dice: del sinfón que se le echaba antes tanto al vino.

—Xacto.

Y dicho esto, se echó el maletón de la herramienta a la espalda con tanta decisión que golpeó la pared, cascando un par de baldosines.

—Hay que ver cómo se trabaja ahora... porque el albañil que le alicató esto se lució con la argamasa... y es que hay que joderse... mañana vuelvo con el grifo nuevo. De manera que de momento, que no entre nadie aquí... Ah, y vaya pensando lo que le he dicho de que me saque por la tele.

Aquella noche sufrí la primera inundación. El fontanero me había asegurado que dejaba cortada el agua, pero lo único que estaba cortado era el conducto de salida del lavabo, con su tapón perfectamente apretado.

Por primera vez disfruté de la experiencia, común a tanto pirata de las pelis de Errol Flynn, de baldear la cubierta de popa a proa a las cinco de la mañana. Memorable. Como poco.

Al día siguiente, nuestro héroe se presentó con un ayudante de cabellera apache, aunque en su caso quizá había sustituido la grasa de bisonte por unas sencillas lonchas de panceta.

—Esta noche se ha inundado todo.

—¿Ve?, si ya le dije yo que me daba mala espina, porque después de lo bien cerrada que dejé yo el agua... ha pasado lo que ha pasado, pero, vamos, que, de momento, vamos a cambiar el grifo y después estudiaremos la cosa.

—Pero este grifo que trae es muy diferente... completamente diferente.

—Es que yo no trabajo el género del modelo de usted. Este que le traigo es mejor. Más sólido.

—Ya, pero es que el resto de la grifería... el baño, el bidet, la ducha...

—Eso no es problema. Yo se los cambio todos... pero, claro, ya va a tener que ser... mañana o pasado. Oiga, y hablando de cambios, ¿no me nota nada?

—Pues... ¿de qué?

—Coño, del peinado, que me hecho la raya al otro lado, que yo creo que da más para la tele, ¿no le parece?

El grifo lo cambió el ayudante peludo, aunque con alguna pequeña dificultad. Se le escapó la llave que llaman de grifa y cascó el espejo. Una vez descolgado el marco, se le volvió a escapar y cascó otro par de baldosines... y qué baldosines: grés de alta temperatura, de fabricación artesanal y diseño exclusivo que no hay forma de reponer. Por la noche tuve la segunda inundación, aunque justo es reconocer que en esta ocasión la culpa no era de nadie, sino fruto de la estadística. Parece que de cada cinco mil grifos que se colocan en la Comunidad Europea, uno no ajusta, y ése me tocó a mí. Ya digo, cosas de la estadística.

El tercer día, mi «fonta» me vino con una camisa de pechera escarolada, corbata de lazo escarlata y una chaqueta de *smoking* de lamé plateado. Me dijo que el terno le había salido un poco caro, pero que, al fin y al cabo, se trataba de una inversión.

—Además, digo yo que en la tele pagarán el vestuario, porque a usted yo la veo siempre con trajes distintos.

El ayudante, que cada vez me recordaba más al indio Cochise, me confesó que lo de la fontanería era coyuntural. Que él a lo que quería dedicarse en la vida era a modelo de pasarela y que seguro que yo podía proporcionarle buenos contactos, que en ese mundo el que no tiene madrina no se come un colín y que... Yo tenía el pensamiento puesto en la tercera inminente inundación que, con toda seguridad, me esperaba en la siguiente madrugada.

Decidí dejarles solos en la remodelación grifera y me tumbé en el sofá a reflexionar.

No conseguía quitarme de la cabeza el recuerdo de aquellos grifos antiguos, tan feos de diseño... aquellos grifos que se desenroscaban, les cambiabas la zapata, «y al avío» que dice mi «fonta».

Y aquellas neveras de hielo, de sólida madera y forro de zinc, que duraban doscientos o trescientos años enfriando (siempre y cuando, eso sí, le repusieras el hielo)... aquellos zapatos, que les ponías punteras, les cambiabas los tacones, les echabas medias suelas, los teñías... Y las máquinas de coser, de escribir... los aparatos mecánicos duraban entre treinta y cuarenta años. Todos se reparaban, se cambiaban las piezas de tal modo que cuando había que jubilarlos era rara la original que les quedaba encima.

¡Qué atraso, qué inmovilismo, qué despilfarro de energías y de trabajo en arreglos y reparaciones! Afortunadamente, ya se ha inventado la fecha de caducidad y todo funciona a la perfección, aunque sólo sea unos pocos minutos. Cuando algo falla, se coge, se tira y se compra un cacharro nuevo. Con nuevo sistema, nuevo diseño, nuevas prestaciones...

Afortunadamente, ya casi no quedan personas que sepan reparar las cosas. Y ahí está el ejemplo de los rusos, que si al primer fallito de la estación espacial MIR la hubieran tirado y puesto en órbita una nueva, no se tendrían que pasar horas saliendo al espacio para reorientar los paneles solares y restañar las heridas que le hizo a la estación una nave de carga con la que chocó.

Porque, si las cosas no se rompen, si no se cambian, ¿cómo se puede mejorar? Lo que dinamiza e impulsa la capacidad tecnológica de nuestros días es la decidida voluntad de tirar y desechar todo, cuanto antes mejor. Por ejemplo, el acueducto de Segovia, tantos siglos ahí, firme y en su sitio desde los romanos acá. Pues en unos añitos, dando paso al tráfico por debajo de sus pilares, hemos estado a punto de cargárnoslo sin pestañear.

En estas cosas andaba yo pensando cuando, de pronto, se hizo la luz en mi cerebro y comprendí, de un solo golpe, cuál era la única alternativa de supervivencia a un fontanero chapuzas. Paré de inmediato la operación y dando mi brazo a torcer y diciendo digo donde dije Diego, cogí el teléfono y llamé a Félix:

—Llama a tu arquitecto técnico (antes aparejador) del estudio, al tal Carlos, y le encargas que me cambie el cuarto de baño de arriba abajo. Quiero una transformación en profundidad... todo distinto, todo nuevo. Tenéis carta blanca y... por cierto, mientras dure la obra yo me largo al hotel de Cuca.

—¿Te ponemos el *jacuzzi*, el modelo aquel que te gustaba...?

—¡Ni hablar!, quiero el modelo que vayan a sacar pasado mañana o el mes que viene.

—Vas a tener un baño para el siglo XXI.

—¿Tanto?, hombre, ya habrá algo que se rompa antes.

En cuanto a mi fontanero, no fue difícil llegar a un acuerdo y convencerle de que mi programa no estaba a la altura de sus grandes potencialidades. Le presenté a un productor amigo y a la semana siguiente se estrenó en un espacio televisivo de *prime time*. Habló largo y tendido sobre las abducciones extraterrestres, perpetradas a través de los inodoros domésticos. Explicó que el gobierno de aquí y la CIA lo ocultan porque, como resultado de las abducciones, se han producido bastantes embarazos y la Seguridad Social no quiere hacerse cargo del gasto derivado de posibles peticiones de interrupción terapéutica. Y para darle rotundidad a sus afirmaciones, puso por testigos nada menos que a Aramís Fuster y al doctor Frontela.

Está feliz y me ha comentado que en su próxima intervención va a abordar otro tema apasionante: parece que los ultracuerpos nos invaden por los desagües de las bañeras.

Al ayudante todavía no le he podido conseguir

nada. A pesar de las melenas engrasadas, lo tiene bastante crudo con lo de modelo. Como no es latinoamericano...

La mudanza interminable

Hay muy pocas películas que me apetece ver una y otra vez. Contaditas con los dedos de la mano. Una de esas películas es *La estrategia del caracol*, del colombiano Sergio Cabrera.

Por si no la conocen, además de recomendarles con entusiasmo que la consigan en un vídeo club y se la vean, les anticipo que se trata de una historia de gente corriente, de personas humildes y anónimas que un día deciden luchar contra la injusticia y la sinrazón de una sociedad clasista, cruel y burocratizada que pretende hundirles en la miseria mediante el desahucio del edificio en el que viven. Saben que enfrentarse abiertamente a la policía y al aparato judicial sería suicida y por eso optan por una alternativa delirante y magnífica: llevarse del edificio no sólo sus enseres, sino el propio edificio. En definitiva, acometen una mudanza que se acabará convirtiendo en la gran epopeya de sus vidas.

La verdad es que si una lo piensa, y después de haber pasado por la terrible experiencia, una mudanza es siempre una epopeya. Hombre, que no es la de

Troya ni la de Ulises ni la de *La estrategia del caracol*, pero se le da un aire.

No sin razón dicen los expertos (castizos) que en el *ranking* de desgracias más o menos naturales, tres mudanzas equivalen a un incendio, y digo yo (añadiendo y exagerando un poco) que siete podían ponerse al nivel de un tornado de esos que de vez en cuando dejan el Caribe y aledaños como un bebedero de patos.

Además, ya desde antiguo se conoce el peligro de las mudanzas. Ahí está el caso, por ejemplo, de doña Isabel la Católica, Apostólica y Castellana, Tanto Monta-Monta Tanto, que, con la menor y más peregrina excusa se dejaba de mudar durante varios lustros sin (al menos aparentemente) problema. Y como la reina tenía sus malas pulgas (consecuencia en parte de su aversión a la mudanza personal), a los que le caían mal, como moros y judíos, les ordenaba mudarse, a pura mala leche, en un pis pas y con el carnet de identidad en la boca-no me hagan grupos y desfilando.

Ahí está también don Felipe Dos, al que llamaban el Rey Prudente (y otras cosas que aquí no vienen al caso), quien no se cansaba de repetir aquello de: «En tiempo de tribulación, no hacer mudanza», un así como: «El que avisa no es traidor», porque, ¿qué tiempo hay que no tenga su pequeña o gran tribulación, aunque sólo sea la propia de mudarse?

Aunque no me gustaría que pensaran que porque una tenga esta decidida aprensión a las mudanzas es una inmovilista y una retrógrada, que eso sí que no. Lo que pasa es que hay cambios y cambios y desde un punto de vista político, pongamos por caso, es importante distinguir entre cambio y mudanza. Es decir, que de piso se cambia, y si el nuevo es mejor, más grande, mejor situado y más bioenergético, la cosa tiene un toque más positivo e incluso progresista. Sin embargo, la mudanza en sentido estricto es como más carca, ya que en el fondo se trata de «cambiarlo todo para que todo siga igual», que es una frase que decía mucho Burt Lancaster, porque parece que se la había oído a Giuseppe Tomasi de Lampedusa, aunque en boca de la recalcitrante derecha italiana de su tiempo venía a decir algo así como «se la hemos dado con queso al capullo de Garibaldi».

El orden y el concierto doméstico se alcanza porque los centenares de objetos y cachivaches que moran en una casa se han ido colocando y encajando poco a poco, normalmente durante años. Al sacarlos para colocarlos en cajas o baúles es como si explotaran. Se trata de un efecto que Gila describe muy bien cuando habla de su tía, aquella tan gorda que cuando se quitaba la faja toda la familia se tenía que poner contra la pared.

Pues en una mudanza es como si se quitaran la faja un nutrido equipo de tías de don Miguel.

—¿Y todo esto estaba en casa?

—Como me vuelvas a hacer ese comentario vulgar y gilipollas, no me controlo, te juro de verdad,

Armando, que por estas que son cruces que no me controlo.

—Oye, que yo no me llamo Armando.

—Pues más a mi favor.

El segundo problema es el ya muy clásico de la cuadratura del círculo. Porque suele ocurrir que una no se cambia de casa a otra exactamente igual de tamaño y proporciones, de manera que lo que encajaba como un guante en el rincocito aquel de la derecha según se mira, ahora no entra ni con calzador, y a la hora de recolocar... En definitiva, pasa como en la siete y media, que o te pasas o no llegas. Claro que, como diría un comentarista deportivo: «El fútbol es así y el rival está muy motivado.»

Por otra parte, una mudanza exige un fuerte desgaste físico y psíquico por mucha ayuda, profesional y amistosa, que se recabe.

Además, el riesgo de rasponazo, desportille, casque o rotura pura y dura es, más que un riesgo, una circunstancia ineludible en la mudanza, y eso pone del hígado al carácter más templado.

Por último, está el portero, que resulta ser un especimen que odia las mudanzas lo mismo que los ñus a los cocodrilos (sobre todo porque los sacan en La 2 día sí, día no haciendo el panoli en una charca, que en cuanto se asoman a beber va el cocodrilo y se merienda uno). El portero, ya digo, es una fiera territorial a la hora de la mudanza. Menos hacer pis para marcar los límites del área bajo su control... de todo.

—Por la escalera no, que me rayan la barandilla.

—¿ ?

—¿En el ascensor?... Bueno, es que no creo que me lo esté preguntando en serio... Sí, ya sé que el montacargas está estropeado, pero eso es cosa de la comunidad de propietarios, que no acaban de ponerse de acuerdo... Ése, me va usted a perdonar, no es mi problema. Yo lo que le digo es que eso no me lo bajan por la escalera principal de ninguna de las maneras.

—¿ ?

—Ya sé, ya sé que la escalera de servicio es estrecha, a mí me lo van a contar... pero, ¿qué le vamos a hacer? Yo, personalmente hablando y como decía el Séneca: a mí plin, yo duermo en un cojín...

Ante la inminencia de una mudanza, y atendiendo a la gravedad de la cuestión, voy a sugerir una sola estrategia de supervivencia, aunque, eso sí, con numerosas indicaciones que deben seguirse al pie de la letra.

Como avance y anticipo, vayan tomando nota de aquello que les resultará de todo punto imprescindible: tomárselo con el mayor tiempo posible, contratar a una agencia especializada dispuesta a proporcionar cajas de, por lo menos, siete colores distintos (para libros, cubertería, colecciones paleontológicas...), aprender un poco de polaco (el polaco es una lengua, no se vayan por donde no es) y hacer abundante acopio de amigos, lo más ingenuos y abnegados posible...

¿Qué, que lo del polaco les ha extrañado...? pues yo se lo explico en un santiamén.

Cualquier estrategia de supervivencia ante una mudanza pasa hoy por la necesidad de adquirir algunas nociones de polaco. Esto, que puede parecer una bobada, es realmente importante porque los mozos de la mudanza, de quien en última instancia depende en gran parte la salud de nuestro mobiliario, vajilla y demás enseres, son siempre polacos. Y no me pregunten por qué, porque no lo sé, pero lo cierto es que en el gremio de la mudanza, como ya hace un tiempo sucedió con el del reparto de butano, la colonia polaca (varonil-viril) residente en España se ha hecho dueña y señora.

Claro que a veces una se lleva cada corte... En la última mudanza, que ya estaba yo preparada para lo del polaco por anteriores experiencias, me dirigí al que parecía el último mandao del grupo y le dije:

—Polska, Wojtila, Solidarnoszk, Walesa, Danuta, estástufresko kholegadeakarreoh...—a lo que añadí—: Mal recibes Polonia a un extranjero, pues apenas llega cuando llega a penas...

—¿ ?

Ante su cara de asombro, decidí darle una leccioncita de cultura general y de paso lucirme un poco, que para eso soy licenciada en Filosofía y Letras. Así que, tomé aire, y empecé a gritarle tan desaforadamente como en rigor se le debe gritar a un extranjero:

—Que esos versos son del inicio de *La vida es sueño*, de Pedro Calderón de la Barca, insigne dramaturgo español del siglo...

—Perdón, señora, pero *La vida es sueño* comienza así: Hipogrifo violento / que corriste parejas con el viento, / ¿dónde, rayo sin llama, / pájaro sin matiz, pez sin escama / y bruto sin instinto / natural, al oscuro laberinto / de estas oscuras peñas / te desbocas, arrastras y despeñas?

Y así mismito siguió un rato mientras yo me tragaba todos los insectos que en ese momento volaban por los alrededores, con mi boca abierta tal que de tiburón blanco disecado. Para salir del paso, intenté explicarle:

—Es que... compréndame, me pone muy histérica esto de hacer una mudanza.

—«¿Qué mudanza ha sido ésa? / Mas, qué me admira ni espanta, / si quien va a decir mujer / ya empieza a decir mudanza?»

—De Calderón también, ¿me equivoco?

—No, señora; es de Calderón, efectivamente.

—Un poquito machista, diría yo.

—Inequívoco reflejo del eco aristotélico predominante en su tiempo.

Resulta que el tipo, en su país, era catedrático de Filología Hispánica y especialista en el siglo XVII...

¡toma del frasco con la emigración del Este europeo!

Desde luego, la caída del muro ha sido una bendición del cielo. Sobre todo para nosotros que podemos tener de chacha a una pediatra búlgara y de jardinero a un ingeniero agrónomo rumano. Aunque la emigración del Este es sólo la puntita del iceberg. España, país históricamente emigrante donde los haya habido, hace años que ha pasado a ser receptor de migración casi masiva.

Y el caso es que el fenómeno no ha hecho más que empezar, porque, a lo que se observa, esta estructura gremial por razas se está desarrollando en España a pasos agigantados. Además de la ya citada adscripción de la emigración polaca al sector reparto de butano y la ruda mudanza, los albañiles, por ejemplo, son casi todos magrebíes. Sobre todo los albañiles de obra pequeña y mediana. De lo que antaño se llamó chapuza y ahora hay que inventarle nombre porque estos trabajadores lo hacen con un primor digno de mejor y más digno apelativo. Si una quiere que le cambien el alicatado del baño o que le corran un tabique, ha de recurrir a una cuadrilla de marroquíes, argelinos y tunecinos. Los albañiles españoles parece que se reservan para obras mayores: alcázares, termas, complejos polideportivos, catedrales, cosos taurinos, acueductos... lo menudo se lo han dejado a los magrebíes.

El servicio doméstico es, casi en su totalidad, de la República Dominicana y en menor medida de Filipinas, y en el futbolerío se está imponiendo la emigración de los Estados Unidos do Brasil.

En algunos casos, esta especialización gremial por nacionalidades se ha disparatado. En Almería, sin ir más lejos, casi todos los mendigos son alemanes:

—*Eine limossnah fur el liebe de Gott.*

—¿Cómo?

—Pan, jamón y vino de Albondón.

—Anda, mira cómo eso sí que se lo ha aprendido bien en nada de tiempo.

El mendigo suele ser avispado en lenguas, pero aunque el idioma no se entienda, la ventaja de pedir es la universalidad del gesto: mano extendida, hombros caídos a lo Pepe Sacristán, media barba a lo Pepe Sacristán, cara de tierna pena a lo Pepe Sacristán... Parece mentira que la poderosa Alemania del Bundesbank, exporte tanto pobre a Almería-quien te viera-y tus calles paseara. Debe ser por el clima, porque está claro que en Almería la calidad de vida del menesteroso sube muchos enteros, comparada con la que caracteriza al pobre de vaya-usted-a-saber de los países fríos pelones.

Pero volvamos a lo de la mudanza para retomar al portero incordiando, que además de gerundio es lo más suyo:

—Insisto en que por la escalera no, que me rayan la barandilla.

—Bueno, bueno... tampoco se ponga tan así, que a lo peor es al revés y es su barandilla la que me raya a mí los muebles.

—Pues por eso mismo: «el que quita la ocasión quita el peligro».

—¿Ah, sí? pues «casa con dos puertas, mala es de guardar».

—Ahí le quería yo ver, porque «casa mal guardada, pronto robada». A ver si se cree que me voy a achicar.

Y así, a golpe de refranero, la discusión sube de tono y de fono, hasta que se reclama la presencia del presidente de la comunidad de vecinos, de una patrulla de la policía municipal, del Defensor del Pueblo y hasta del presidente de la Comunidad (esta vez no la de vecinos, si no de la entidad autonómica). Menos mal que en ésas suele llegar el catedratovski en Filología Hispánica y lo deja todo en agua de borrajas:

—Que dice el baranda que lo va a sacar todo por el ventanal, que ya hemos montado la cabra con la garrucha.

Y ahí le duele, sí señor, porque, efectivamente, cuando el protagonista de la mudanza llega a su salón se encuentra con un artilugio que ni Juanelo Turriano para subir el agua del Tajo a la Imperial Toledo. O dicho más en concreto: un super trasto que se proyecta por el ventanal, suspendiendo un garruchón del copón sobre el vacío. La colocación del artefacto mudanzil ya ha causado los primeros estragos y el cliente, en un somero vistazo, descubre diversas rayaduras y desconchones en el mobiliario. La cómoda isabelina, una pieza de anticuario, ya ha sufrido un rayajo atroz de lado a lado y uno de los tiradores de bronce está medio desprendido. Cuando se lo hace notar al polski-baranda, éste responde tan fhrëskôo:

—Nosotros todavía no tocar muebles... so ya estaba.

El polaco filolovski acude inmediatamente para aclarar esta cuestión y explica que ellos son extremadamente cuidadosos con todos los objetos. Que los embalan y trasladan con mimo, pero que si por azar, descuido o vaya usted a saber, algo se rompe, el seguro indemniza con generosidad el desaguisado. Pero por lo que respecta a rayaduras, desportilles, abollones... no hay nada que rascar, a no ser que se disponga de fotografías autentificadas ante notario, que demuestren que las cosas estaban absolutamente incólumes antes de iniciarse la mudanza.

De manera que desde el principio debe quedar clarito que todo desperfecto, que no incluya la rotura total en multitud de minúsculos fragmentos, pertenece a la categoría: «Eso ya estaba, no me venga a mí con...»

En cuanto a la rotura propiamente dicha, una mudanza no aporta nada que la experiencia no dicte, porque los objetos poseen una personalidad intrínseca que es preciso conocer antes de meterse en aventuras de traslado.

Tomemos por ejemplo esa porcelana moderna que todos tenemos en casa, porque siempre hay alguien que nos la regaló sabiendo (malditos tópicos) que con una de esas porcelanas se queda estupendamente, que son una fineza y que hasta hay un museo d'ellas en Nueva York. Es tan cara carísima como horrible horrorosísima y cursi cursilísima. La detestamos con fuerza y rabia contenidas y sería estupendo que los polskis la rompieran, porque además de arrebatarla por fin de nuestra vista nos darían una indemnización sustanciosa... pero para nada, la figurita de marras no se rompe ni dándole con un martillo neumático. Lo que sí se romperá, indefectiblemente, es ese objeto de precio escaso, pero de enorme valor sentimental; ese objeto ligado a aquel momento crucial de nuestra vida; ese objeto que siempre viajó con nosotros hasta llegar al triste final.

Pongamos por caso el cenicero de tosca cerámica con la inscripción: «*Au bistrot de Gérard*», robado para mí precisamente por Gérard (que no tenía nada que ver con el establecimiento, pero que le vino al *cheveu* la casualidad del nombre), quien escribió al reverso, en la parte no vidriada y con un boli de punta fina: «*Amour éternel.*»

¿Recuerdan el viejo cuplé de Raquel Meller? Aquel que decía así como: «Bajo los puentes del Sena fue mi primera noche de amor. / Bajo los puentes del Sena mi boca amante le dio calor. / Bajo los puentes del Sena vivimos horas de eternidad. / Y al decirle alegre, llévame al Moulin / fracasado dijo: *ma petite chérie, je n'ai pas d'argent*»... pues tal cual. Bueno... excepto que no era en los puentes del Sena, sino en un *bistrot* y que no era mi primera noche de amor, entre otras cosas porque todo aquello ocurría por la tarde, que hasta las diez y pico no pasamos de los besitos y las manitas... ¡estábamos enamorados como burros!

Yo era jovencita y Gérard, menos jovencito pero periodista, que era lo que yo estaba empezando a ser. Aquella noche se iba al Líbano o al Vietnam o al Chad o a una guerra de ésas. No llegamos a conocernos bíblicamente, pero concertamos una cita para seis meses después en lo más alto del Empire State Building... digo de la Torre Eiffel, que estábamos en París, pero Gary Grant... digo Gérard, no acudió. No pudo llegar, lo supe mucho después, porque nada más aterrizar en el sitio del conflicto donde le mandaba su periódico, una bala perdida lo encontró a él.

En lo alto de la Torre Eiffel, la mirada vagando sobre el Campo de Marte, con un cenicero robado en el bolso y el corazón roto en dos mitades... lloré en silencio, lloré como nunca había llorado.

Aun ahora, recordando aquel instante dramático y eterno, las lágrimas fluyen en torrente a mis ojos cansados... y esto da cabal idea de lo idiota que puedo llegar a ser, que me he puesto a sollozar con una pena enorme rememorando una historia que me acabo de inventar como ejemplo para este capítulo.

Pero sigamos con la mudanza. O mejor/peor con la posmudanza. Porque lo que te puede llegar a poner el pelo como un puerco espín empieza al acabar la mudanza, cuando descubres que los poloneses se han largado dejándote los muebles y una montaña de cajas en el piso nuevo, como si fuera una remesa de ayuda para Bosnia. En ese crucial instante, la supervivencia depende del montón de amigos (ingenuos y abnegados a partes iguales), del que se haya hecho acopio en días anteriores.

Ha llegado el momento, como decía al principio, de sufrir un desvanecimiento, acompañado de bajada súbita de tensión. De resultas del vahído, le queda a una como «una especie de mareo» con hormigueo en manos y pies. En este estado físico es evidente que no es aconsejable mover un dedo, aunque sí debe conservarse la suficiente entereza y presencia de ánimo para ir dando las órdenes oportunas a la pandi de amiguetes, desde el mullido sillón de orejas.

En una primera puesta, los muebles seguirán la inercia compositiva del piso anterior, que, obviamente, no encaja con la personalidad del nuevo espacio... Habrá pues que trasladar, mover o al menos correr unos centímetros todos y cada uno de los muebles, entre seis o doce veces, lo cual, justo es reconocerlo, supone un enorme gasto energético para los susodichos colaboradores.

Y éste es sólo un primer paso. Calcúlenle que para el acomodo somero de todos los cachivaches que pueblan una casa, trabajando *full time*, se necesitan entre una semana y quince días. Por eso es importante acoplar perfectamente las aptitudes del voluntariado de turno, con la misión encomendada.

—Piluca, como eres diplomada en biblioteconomía y documentación, he pensado que te ocupes de los libros, ¿qué te parece?

—Bueno... no me importa sacarlos de las cajas y luego te los coloco por aquí...

—No, por aquí no... en sus estantes correspondientes, bien ordenados y tal... y de paso les pones una signatura y me organizas un fichero por autores y temas... manual y en el ordenador, si no te importa.

—Pues...

—Y tú, Luci, puedes hacer lo mismo con las casetes, los vinilos y los compactos... ah, y las cintas de vídeo... y por favor, no me mezcles comedia con humor, ni acción con tema bélico, que son cosas distintas...

El delicado negociado de los cuadros hay que encargarlo a gente con solera. Por ejemplo, Juancho y Juan Mari. Uno es el manitas de la escarpia y la hembrilla, mientras que el otro tiene afinación estética y ojo métrico impecable para las distancias y la disposición ortogonal.

—No, Juancho, no, no marques todavía. Ese cuadro cae como cinco milímetros a la derecha... sube... así, pelín más... no, baja... sube ahora... mira, yo creo que lo mejor es que bajes todos los cuadros como unos dos centímetros y así acabamos antes.

En esto hay que poner nivel a tope y lograr que no lo hagan mejor ni los montadores de la Thyssen.

—No, Juan Mari, ese paisajito veneciano no me gusta nada donde está... no se aprecia bien... cámbiamelo de sitio, por favor.

En la última mudanza no sé si les hice cambiar los cuadros de sitio cinco o siete veces. De lo que me acuerdo perfectamente es de que fue un número impar.

Conviene aclarar aquí que en los quince días que suele durar la mudanza los amigos pasan de ingenuos complacientes a sañudos resentidos, hoscos, irritables y miserables vengativos, que sólo piensan en mudarse ellos para cazarte a ti en la misma trampa. Lo cual viene a demostrar que, aunque ellos no se den cuenta, todavía les queda ingenuidad por arrobas, porque ¿de qué y de cuándo me van a pillar a mí de prima en una mudanza?

Pero eso, como diría Kipling, es otra historia. El caso es que la mudanza se ha concluido y el protagonista ha sobrevivido a la experiencia. Ya sólo se necesitan tres o cuatro meses para sentirse cómodo en la propia casa, conociendo —o al menos intuyendo— el sitio de cada cosa y la cosa de cada sitio.

En más o menos año y medio o dos años se estará en condiciones de tomar la decisión apropiada para resolver el siguiente histórico dilema: volver a mudarse o hacerse internar en una casa de reposo.

¡Maldita hipoteca!

Una buena enciclopedia es un instrumento imprescindible en cualquier hogar, entre otras cosas porque su existencia suele ser la directa consecuencia del abnegado trabajo de los vendedores de enciclopedias, y esto, además de la solidaridad que en cada cual pueda despertar, es muy importante porque nadie en esta vida puede decir de este agua no beberé, este cura no es mi padre o yo no vendo enciclopedias por las casas aunque me falte p'a...

Yo, en cuestión de enciclopedias, soy muy tradicional y muy sencilla: mi Espasa de ciento y pico tomos y con eso voy que me mato. Consultar la Espasa me relaja a tope, porque de cada cosa que vas a buscar te encuentras como siete páginas de letra menudita-menudita, que a la tercera ya has caído traspuesta, y justo era lo que estaba necesitando tras la comida con Miki, mi amigo del alma.

En un tiempo, Miki fue un personaje brillante, atractivo, culto, refinado, amante de la vida y la belleza... Hoy es un lunático más cerca del psiquiátrico que de cualquier otra institución humana. ¿La razón? A lo mejor a primera leída no se lo creen, pero lo que le ha llevado a tan profundo desasosiego y angustioso desconcierto psicológico ha sido una hipoteca. Sí, sí, lo que acaban de leer: una hipoteca bancaria para la adquisición de una vivienda.

Por eso, tras la deprimente comida, al llegar a casa me desprendí de los zapatos y me dejé caer en el sofá con el tomo 27 GUB/HN de mi Espasa.

Y así, de manera tan cabal y cinematográfica, descubrí qué se entiende por hipoteca: «Una institución jurídica de garantía, consistente en sujetar directa e inmediatamente ciertos bienes al cumplimiento de una obligación, sin que tales bienes salgan del poder de su propietario, pero autorizándose al acreedor para enajenarlos, cualquiera que sea su poseedor cuando la obligación no haya sido satisfecha (...). Los elementos personales son: un acreedor, en favor del cual se constituye para garantía de su crédito; un deudor, que haya contraído con aquél una obligación preexistente; y un hipotecante, dueño de una cosa que la obligue en garantía de esta obligación. Generalmente, el hipotecante o constituyente es el mismo deudor, pero no es preciso que así sea, pues nada se opone a que la hipoteca pueda ser prestada por un tercero. En cuanto a los elementos reales son: una obligación, generalmente de dar; y una cosa no perteneciente al acreedor, pues nadie puede garantizarse a sí propio, y que reúna ciertas condiciones en consonancia con la naturaleza de la institución. Estas condiciones son: que sea permanente, es decir, que no corra peligro de desaparecer en el tiempo que dure la garantía; que pueda ser identificada en todo tiempo; y que pueda ser enajenada, guardando la debida preferencia cuando se haya dado en garantía a más de un acreedor.»

Y dicho o leído esto, ¿ha quedado claro qué es una hipoteca, en el román paladino en el que suele hablar cada cual con su vecino? Los más pensarán que, en resumen, se trata de un préstamo en el que una de las partes, la que presta, exige una garantía a la parte que aspira a hacer bueno el derecho constitucional de poseer una vivienda digna. Pues no.

Un préstamo hipotecario es eso, pero tantísimo más, que «eso» se queda en bastante poco dentro de la realidad global de la cosa.

Porque una hipoteca, de verdad de verdad de la buena y las más de las veces, no es ni más ni menos que una supercabro... con balcones a la calle, doble cremallera y tracción trasera, una síntesis malvada y hasta pelín sádica del timo de la estampita, el del toco mocho, el del peregrino, el del nazareno, el del tío-tío, el de los triles, el de la venta piramidal... perpetrado siempre con alevosía, abuso de confianza, nocturnidad y descampado. Porque, en definitiva, el primo, el palomo, el que pide la hipoteca, por mucho que él se crea, no sabe nunca de verdad de la buena dónde se ha metido.

—Una hipoteca bancaria es la quintaesencia de la usura vil formalizada en descomunal tomadura de pelo, para dejarte sin pelo, sin pela y sin perrito que te ladre.

Y una no puede comprender, a la vista de la experiencia, cómo en los últimos años, el préstamo hipotecario se ha llegado a considerar como una conquista social de los económicamente débiles. La Constitución dice que todos tenemos derecho a una vivienda digna, pero se calla que para ejercerlo es preciso aceptar una estafa revestida de procedimiento legal y encaminada a ponerte con el agua al cuello a poco que caigan cuatro gotas de crisis económico-familiar, nada raras en esta época de paro y empleo poco seguro.

Para ilustrar afirmaciones tan aparentemente radicales, les ofrezco el ejemplo de Miki, mi amigo del alma. Real como la hipoteca misma.

La verdad es que los proyectos de Miki son siempre un algo raritos, pero en general resultan bastante acordes con su personalidad, que también tiene su aquél.

—La última temporada todo me ha ido bien... sobre todo desde que finiquité una aventura hipotecaria que me costó la salud física y psíquica, amén de dejarme en la ruina económica y moral más espantosa, tremebunda y feroz... ¿tú te acuerdas de las plagas de Egipto?

—Era yo muy pequeña.

—No, sin coña... que de verdad que fue como lo de las plagas, pero en peor. No te lo puedes imaginar.

—Me lo puedo imaginar perfectamente... sé muy bien de qué me hablas.

—¿Ah sí, tú también has pasado por el patíbulo hipotecario?

—Todavía estoy en ello.

—¡Qué horror!

—Y pavor... y crujir de dientes.

—Aunque no creo que se pueda comparar con lo mío.

—Tú cuenta y ya te diré si se puede comparar o no se puede comparar.

—Imagínate que pedí un crédito hipotecario de veintidós millones para comprar una vivienda. Estuve pagando durante cinco años... en total, como unos siete millones. Pues cuando la soga hipotecaria estaba a punto de estrangularme y decidí cancelar el préstamo, resultó que de los siete millones sólo había amortizado cuatrocientas mil pesetas de capital.

—Bueno, menos da una piedra.

—¡De eso nada, de una piedra se puede sacar algo... qué digo algo, mucho más que de un crédito hipotecario!

Miki había ido elevando el tono y los comensales de alrededor nos miraban ya sin el menor disimulo. Intenté hacerle gestos a mi buen amigo, pero o no los vio o no los interpretó o... el caso es que, tenedor en mano, se puso en un plan *Novecento* semidemenciado que me recordaba al mejor y más fiero Javier Solana de los mítines contra la OTAN.

—¡Nunca un crédito hipotecario. Antes morir de pie que vivir de rodillas y arrastrarse por la vida con miserable vilipendio... contra toda idea de violencia, opongo la violencia de la idea y aquí se queda la clara, la entrañable transparencia de tu querida presencia, comandante Che Guevara...!

Dos comensales muy bien trajeados se acercaron solícitos a Miki cuando estaba iniciando los primeros compases de la canción que fue la consigna del inicio de la revolución de los claveles, en Portugal:

—*Grandola, vila morena... terra da fraternidade, o povo e que mais ordena...*

Por primera vez me di cuenta de que una hipoteca bancaria no sólo conduce casi con toda seguridad a la ruina, sino que, en general, tras unos años de pagar fortunones y comprobar que el capital inicial está exactitamente igual que al principio... es muy difícil escapar a la locura. Mi pobre amigo, que fue asesor de un ministro, director de dos compañías de teatro aficionado, un virtuoso de la cocina al microondas, guionista de televisión... Se me partía el alma viéndole reducido a tan lamentable estado. Afortunadamente, los señores trajeados habían logrado controlar la situación, aunque para ello se habían visto obligados a rociarle la cabeza con agua de Vichy y a darle un par de bofetadas. La verdad es que el método no me pareció muy ortodoxo, pero, en cuanto a eficacia... sobresaliente *cum laude*.

Miki, aunque empapado hasta las canillas, se había serenado, el color había vuelto a su cara, me miraba con cariño y sonreía. Con voz pausada me dijo:

—¿Qué te parece?

—Tremendo.

Aunque estaba un poco asustada, él me miraba expectante y me vi forzada a contar mi propia historia, aun a riesgo de provocarle otro rapto de locura:

—Yo también pedí un crédito hipotecario hace diez años.

—¿En qué banco?

—Da igual, todos son por el estilo... creo yo.

—Sí, en eso tienes bastante razón. Los bancos, entre sí, prácticamente no se diferencian. En lo que se diferencian es comparándolos con otras cosas. Por ejemplo, ¿sabes en qué se diferencia un director de una sucursal bancaria de un taxidermista?

—¿En qué?

—En que el taxidermista sólo te exige la piel... el otro te exige muchísimo más.

Perpleja me quedé.

—Cuéntame lo tuyo, por favor —insistió Miki.

—Pues ya te digo, lo pedí hace diez años: un crédito de veinte millones y, después de pagar a razón de millón y medio al semestre, lo que hace un total de treinta millones, resulta que todavía debo diecisiete. ¿Te lo puedes creer?

—Pues claro que me lo puedo creer... es que es lo de siempre: que cuando liquides el préstamo de veinte millones habrás pagado casi cincuenta.

—Exactamente cuarenta y siete, pero eso no es todo. En una ocasión me retrasé en el pago de la cuota y el banco me llevó al juzgado. No hubo forma de hacerles entrar en razón. Era la primera vez que fallaba, y debido a que realmente había tenido muy serios problemas en el trabajo... una mala racha; pero claro, el banco me dijo que ni malas rachas ni gaitas gallegas.

En ese momento, ocurrió nuevamente algo espectacular. Miki, con la mirada semiperdida y un misterioso rictus de crispación en la cara, empezó a recitar los versos del judío Shylock, en *El mercader de Venecia*, de don Guillermo Shakespeare:

—Me niego a escuchar nada. Exijo mi contrato, / exijo mi contrato, ni una palabra más. / De mí no harás un blando, un idiota fácil de engañar, / uno de esos que, con oscilaciones de cabeza, se rinden, / y suspiran y sucumben ante cristianos mediadores. / ¡Basta ya! ¡Mi contrato! / No más palabras, exijo mi contrato.

Aquello empezó a preocuparme seriamente y ante el temor de que volvieran los señores trajeados, creí que lo mejor era cambiar de tema:

—Oye, ¿sabías que la reina Isabel de Farnesio llegó a tener una colección de 1.626 abanicos?

—No me cambies de tema, Marité. Además, no me jodas con curiosidades de la historia que no estoy yo para curiosidades de la historia.

La verdad es que el giro había sido un poquito demasiado brusco, así que opté por la alternativa más clásica:

—Pues parece que va a llover la semana que viene.

—Que te he dicho que no me cambies de tema... estabas contándome que los del banco no querían atenerse a razones y metieron el asunto en un juzgado.

—Pues sí... y no sería porque no les rogué y les lloré y les expliqué que era una mala racha, que en un par de meses me iba a recuperar, que tuvieran un mínimo de paciencia... pero ellos, que si quieres arroz, Catalina.

Fue visto y no visto. Miki, mi entrañable amigo, volvió a entrar en trance y esta vez, levantándose y extendiendo el brazo como un tribuno romano, empezó a recitar con atronadora voz los versos de Antonio, del mismo mercader de Venecia shakespeareano. Con una salvedad, eso sí: donde el poeta escribió «hebreo», Miki lo sustituyó por «banco» o «bancario»:

—Te ruego que recuerdes que es con un banco con quien discutes. / Es como estar en la orilla del mar y pedir a las olas / que bajen a su altura habitual; / es como preguntar al lobo / por qué ha hecho a la oveja balar por su cordero; /sería como prohibir que los pinos en la montaña / movieran sus copas sin hacer ningún ruido / cuando el vendaval del cielo las azota. / Mejor sería aspirar a lo imposible / antes que intentar enternecer —¿hay algo más difícil?— / su corazón bancario.

La cosa se volvía a poner feíta, así que me decidí a dar por concluido el encuentro. Mirada preocupada al reloj y gesto de muchísimo apuro:

—Dios santo, se me ha pasado el tiempo volando...

—¿Tienes que irte?

—No, me tenía que haber ido ya... ha sido un verdadero placer. Me ha encantado verte... tenemos que quedar otro día...

Me acompañó muy amable hasta el coche y allí nos despedimos definitivamente... o eso creía yo, porque cuando estaba a punto de franquear la barrera del *parking*, por el espejo retrovisor vi con horror que corría hacia mí como un poseso. Cuando llegó a mi altura, se metió literalmente por la ventanilla y me preguntó con expresión enajenada:

—Oye, ¿tú sabes lo que es el Mibor?

La primera y más importante, quizá la única, de las estrategias de supervivencia ante una hipoteca consiste, aunque parezca una perogrullada, en no pedir una hipoteca. Al menos hasta después de haber leído *La timoteca nacional*, de Enrique Rubio, que, como se dice en la portada, es una «Enciclopedia de los trucos, fraudes y engaños con los que los pícaros viven a costa de los bobos».

Después, hay que sentarse a echar cuentas, a ser posible con la colaboración y asesoramiento de un amigo leal, vinculado a un banco o conocedor del tema bancario. Porque las claves del tinglado son, en primer lugar, que el total de millones que se habrá de pagar para vivir en un apartamentucho de chicha y nabo durante veinte años se corresponde casi exactamente con el precio de un palacete en buena zona. El razonamiento habitual del que se hipoteca es que al final, algún día, aquello será suyo. Pero ese final se sitúa a quince o veinte años vista, tiempo suficiente para que la vivienda que se hipoteca se haya quedado pequeña porque ha llegado familia, o haya envejecido de manera grave (ahí están, cayéndose a pedazos, centenares y miles de edificios con menos de veinte años de vida, como consecuencia de la aluminosis, de la escasa profundidad de las cimentaciones, de la paupérrima calidad de los materiales...), de forma que lo que uno tiene al final es agua entre las manos.

En segundo lugar, y esto es muy digno de tener en cuenta, los bancos poseen mecanismos de actuación tan fría y eficaz como los que hacían funcionar las sillitas de Alcatraz. En cuanto te retrases tres meses en el pago, el banco está legitimado para desposeerte del piso, apartamento o chalet y sacarlo a pública subasta, lo que lleva a pensar que el inmueble no es tuyo ni de lejos, hasta que no has pagado la última letra o plazo de la hipoteca y suscrito la escritura correspondiente. La ejecución de la hipoteca impagada se establece con la misma filosofía con la que el judío Shylock exigía al Dux de Venecia la libra de carne del mercader Antonio.

Miki tenía toda la razón en sus delirios, con la salvedad de que en la vida real de la hipoteca de ahora no hay una Portia disfrazada que nos saque las castañas del fuego, exigiéndole al banco que se sacie con su libra de carne pero sin derramar una gota de sangre, sin que el peso exceda el de un pelo... Esas cosas pasan en el teatro que se representa en los escenarios; en el que representamos día a día en la calle, en la oficina o en el estar-comedor, la cosa es muy distinta.

El peligro de terminar perdiendo el piso y las cantidades de dinero entregadas, en cualquier momento, no existe, como es lógico y sabido, con un apartamento o piso alquilado, debido, entre otras cosas, a que las condiciones de contratación todavía conservan algún respeto a la dignidad humana. Por ello, me permito sugerir esta segunda opción de supervivencia, aunque en realidad no sea más que una prolongación elemental de la primera.

Son muchos los que sostienen que pagar un alquiler es tirar el dinero, pero supongo que lo narrado más arriba, rigurosamente cierto y demostrable, les habrá despertado alguna duda. Porque, si como le pasó a Miki, se paga durante cinco años sin descontar absolutamente nada del capital inicial, ¿qué más daría pagar un alquiler?

Para mí, la diferencia habría sido sustancial: pagando un alquiler tienes la satisfacción de ver cómo el arrendatario lo disfruta comprándose un gato enorme para el 4x4 o un vestido para su señora, pagando el cole del mayorcito o dándole pelas a la chica para que se saque el carnet de conducir. Por el contrario, entregándoselo a una entidad bancaria, tu dinero se destina a *spots* televisivos en los que el banco aparece como una institución caritativa, de una humanidad y una cosa maravillosísimas que dan ganas de tirarle un zapato a la tele, sabiendo lo que hay detrás; o bien se convierte en pieza reluciente de un yate de banquero yuppy-guaperas engominado hasta la médula. A la hora de elegir... allá cada cual.

Concluyendo, las hipotecas hay que pensárselas y considerarlas, y echar las cuentas con lupa de muchos aumentos, porque, una vez pedidas, la supervivencia se convierte en un ejercicio a medias entre los de James Bond, los de Pinito del Oro y los de Indiana Jones.

Sobrevivir a una hipoteca, al menos en España, no es tarea propiamente humana, sino trabajo reservado a los héroes míticos, cruce de humanos con dioses; tarea de los que hacen cosas dignas de memoria, aunque en este caso, la historia no hablará de ellos. Y yo, en esto, cada vez me siento más próxima al pensamiento de Voltaire, que fue y dijo: «Me gustan poco los héroes. Hacen demasiado ruido.»

II

Amigos, amantes, maridos y algunas «peculiaridades» femeninas

Los celos no son amor

«El afecto de los zelos dà muy mala vida al hombre, y más à las mugeres, como sea miedo, y sospecha de gran pèrdida, es un temor, y miedo de perder lo que se ama, que luego se sigue al grande amor, derriba del celebro mal humor, melancolico, y assi sospechan lo que no es, y todo les parece mas ò menos. Son los zelos como el espejo de Alinde, donde todo parece mayor de lo que es (...) Causa muertes, y enfermedades, angustias, y torcer la boca, desvario, y locura, en hombres y mugeres (...) Los zelos obran, y acarrean grandes daños, tormentos y muertes.»

OLIVA SABUCO DE NANTES,
filósofa y naturalista española del Siglo de Oro.

Los celos, que tarde o temprano provocan arrebatos pasionales, no tienen la más mínima gracia ni la menor justificación.

Pero, paradójicamente, en la imaginería popular los celos tienen buena consideración y gozan de la comprensión de las gentes. Primero porque se da por hecho que los hombres son celosos en la misma medida que tienen próstata, pues porque así son las cosas y así son los machos de todas las especies, y por qué la nuestra va a ser menos. Y segundo, porque los celos, quieras que no, significan interés y son reflejo inequívoco de amor.

Ambos argumentos constituyen topicazos de tamaño natural, pero siguen funcionando en el inconsciente colectivo. Sobre todo porque las mujeres los aceptamos con bastante naturalidad en la mayoría de los casos. Nos gusta que el hombre que nos acompaña se sienta celoso de la admiración de otro, porque eso se puede traducir en una forma de discriminación positiva hacia nosotras y, por añadidura, aceptamos la evidencia de que los hombres son un poquito así y asao... ya se sabe.

Y a lo peor lo que no se sabe tan bien es que en 1996 nada menos que 16.378 españolas denunciaron a sus maridos por malos tratos, lo que representa un incremento del 2 por ciento respecto al año anterior.

Es decir, que la tunda o la «mano de hostias» a «la parienta» no decae con la civilización, la cultura y el progreso, sino que se encuentra en franca recuperación y creciendo a un ritmo similar al del PIB.

La distribución de la barbarie se articula así: el 41,3 por ciento de las denuncias formuladas incluían maltrato físico y psíquico, un 31,17 por ciento se limitaban a violencia física y el resto sólo a psíquica. Sin embargo, estas cifras hay que releerlas cuidadosamente, porque según los expertos sólo muestran una punta del iceberg, el 10 por ciento. O dicho de otra manera, que se sabe que sólo un 10 por ciento de las mujeres maltratadas por sus maridos o novios tiene la osadía de denunciarlos. ¿Por qué? Pues porque dependen económicamente de ellos o porque les falta preparación para vivir de manera autónoma. En ambos casos, el peso de los hijos suele inclinar la balanza hacia el silencio cómplice de la barbarie.

Sea como fuere, los datos nos aproximan a una cifra de cerca de doscientos mil casos anuales de malos tratos hacia las mujeres españolas; malos tratos que en ochenta y dos (82) ocasiones, durante 1996, concluyeron en un asesinato. Por increíble que pudiera parecer, el «la maté porque era mía» no es cosa del pasado, sino un aforismo plenamente vigente en el repulsivo amasijo neuronal que, supongo, sustituye al cerebro de miles de varones españoles.

Y esto es algo que debiera remover la conciencia de todos porque, en definitiva, nos sitúa en unos niveles de infradesarrollo humano que en medida alguna pueden compensarse con un buen comportamiento del Índice de Precios al Consumo, el número de televisores por hogar o el incremento del consumo eléctrico.

Si en cuanto a desarrollo industrial estamos en el puesto once o doce del mundo, en lo que se refiere a desarrollo de derechos humanos (partiendo de la base de que las mujeres estamos en esa categoría), debemos andar por los puestos de cola del *ranking* planetario. No es de recibo que una sociedad tecnificada, y con miles de años de historia a sus espaldas, se quede impasible ante una brutalidad más propia de la caverna neolítica que de la balconada que mira al tercer milenio.

Claro que, inmediatamente, algunos y algunas me dirán que no se puede comparar a un psicópata celoso que mata o propina palizas, con un simple y bienintencionado varoncito que sólo sufre de calambres cuando a su chica o señora se la miran de arriba abajo. Y admitiendo la obvia diferencia, lo que está claro es que por algo se empieza y que el asesino no nace, sino que se hace, y de esto da fe el hecho de que cuando se produce algún suceso horrible de asesinato por celos, es bastante frecuente que todos los vecinos que entrevista la tele afirmen que el homicida era un señor muy tranquilo, muy amable, hasta muy fino, que siempre saludaba y que a veces les daba caramelos a los niños. Estas afirmaciones siempre nos causan honda sorpresa, porque todavía no nos hemos acostumbrado a que los potenciales asesinos no vayan por la calle con una pancarta que diga: «Yo un día me cargo a alguien» o «Cuidadito conmigo que soy de los que rebanan el cuello».

Y conste que hay casos en los que sí. Porque también hay maridos y novios (normalmente ex) que anuncian a bombo y platillo que van a matar a la esposa o novia. Hay algunos que incluso lo intentan dos o tres veces hasta que aciertan, sin que la justicia, aparentemente, tenga manera de evitarlo poniendo a buen recaudo al que se confiesa abiertamente asesino potencial. Pero éste es otro temita que más que para unas líneas daría para unos cuantos gruesos tomos.

Me conformaré aquí con una sencilla historia. Una historia... pero mejor se la cuento.

Aquel verano del 97 fue bastante rarito. Como que casi no hubo verano. Días nublados, tormentas, granizos, ventarrones... una verdadera ruina para la hostelería de medio pelo: terrazas, piscinas, puestos de helados... también fue un verano teñido de sangre. Sólo en agosto, casi medio millar de muertos en la carretera. Y luego, los crímenes pasionales.

En eso justamente pensaba Candy mientras se acercaba a Almería por la carretera de Guadix. El asunto le tocaba de cerca, porque los crímenes que se habían sucedido tenían mucho que ver con los celos de maridos incapaces de digerir una separación inevitable a todas luces. Hacía unos días que había leído en *El País*: «Un ex legionario mata a su esposa a bordo de un autobús en Castellón (...). Decenas de turistas presenciaron el crimen (...). Según varios testigos, Aurora S. M. subió a uno de los autobuses de la empresa Autos Mediterráneo (...). Tras ella accedió su marido (...). No intercambiaron palabra alguna. Él compró su billete y se acercó al asiento que ocupaba su mujer. Sacó un machete y le asestó dos puñaladas.»

Dichosos celos. Este individuo, además, tenía antecedentes violentos, porque hacía dos años que había prendido fuego a una ITV de Castellón. Lo que nunca habría imaginado es que gente civilizada, gente como Jean Claude, pudiera ser pasto de aquel sentimiento tan primitivo y absurdo a estas alturas de la vida y de la peli. Le sonaba a *Otelo* y a drama rural de antes de la guerra, pero el que había sido su marido hasta hacía tres meses le había dicho sólo dos días antes: «Tú te vas a acordar bien de mí. Después o pronto te mato.»

A Candy le hacía mucha gracia el acento de su ex marido y, a pesar de la violencia del último encuentro para cancelar la hipoteca del piso, a punto estuvo de hacerle la broma de los buenos tiempos: «A ver, repite esto: tómate el tomate.» El Jean Claude de las buenas épocas, entre disciplinado y divertido, venía a decir: «Tómate el tomaté.»

Los últimos tiempos habían sido un desastre, pero al fin se había llegado a un acuerdo, y cada uno por su lado. Claro que lo del acuerdo se decía muy pronto, porque antes habían pasado por cónclaves de amigos, reuniones con abogados, una Casa de Socorro y una comisaría. Candy intentó alejar de sí estos pensamientos. Estaba empezando una nueva etapa. En lo personal y en lo profesional, porque el traslado a la sección de Cultura le había venido de maravilla. Estaba de información local hasta el gorro y, además, si todo salía como imaginaba... la cosa podía ser un bombazo: nada menos que una entrevista en exclusiva con Alfredo Rodríguez, el hispanista de la Universidad de Nuevo México que por fin había dado con la identidad del autor de *La vida de Lazarillo de Tormes*. De pronto, se había resuelto el enigma más tozudo de la historia de la literatura española y era ella quien lo iba a dar a conocer al gran público.

Dejó a la izquierda el cruce de Tabernas, el pueblo de los viejos *spaguetti western* con música de Morricone; el pueblo donde don Alfredo pasaba el verano. Al día siguiente volvería, como había convenido con el hispanista, tras la gestión que le había hecho Saúl, su viejo alumno.

Saúl había sido parte de la gota que había colmado el vaso de una relación que poco a poco, sin saber muy bien cómo, se había hecho abominable. Jean Claude la había tomado contra él desde el principio y las escenitas habían ido subiendo de tono hasta que... pero mejor no pensar. Ya estaba en el hotel, ya había deshecho la maleta y ya se había sentado como una reina en la terraza de enfrente del establecimiento, desde donde se veía un mar próximo, medio encrespado y provocadoramente azul.

En la mesa de al lado había un periódico, *La Voz de Almería,* y en la portada... otra vez el horror: «Un hombre prende fuego a su mujer con gasolina y después se suicida en Aguadulce (...). El matrimonio, que se hallaba en trámites de separación, mantuvo una discusión poco antes de las diez de la mañana (...). Un testigo asegura que a lo largo de la discusión, el hombre intentó ahorcar a su mujer con una cuerda (...). La víctima sufre quemaduras de segundo y tercer grado en el 60 por ciento de su cuerpo.» Al menos ésta, pensó, quizás salvará la vida... Dejó el periódico a un lado y abrió su edición de *La vida de Lazarillo de Tormes* por una de las últimas páginas: «Mira, si sois mi amigo, no me digáis cosa con que me pese, que no tengo por mi amigo al que me hace pesar; mayormente, si me quieren meter mal con mi mujer, que es la cosa del mundo que yo más quiero, y la amo más que a mí, y me hace Dios con ella mil mercedes y más bien que yo merezco.»

Apartó su mirada del texto y la dejó vagar por el horizonte de mar con viento de poniente. Pensó en Jean Claude; en las horas que habían pasado juntos mientras él trataba de captar un destello de vida fugaz con su vieja cámara Leika, y en aquel Lázaro de Tormes satisfecho con su oficio último y quizá definitivo de pregonero de vinos, tras haber sido criado de ciego, clérigo, escudero, mercedario, buldero, maestro pintor, aguador, porquerón de alguacil...

Después, por un instante, creyó ver un fantasma. ¿Era él? No podía ser, pero una explosión ensordecedora la envolvió por completo antes de que fuera capaz de mover un solo músculo. Una luz amarilla y brillante la cegó por completo. Sintió en su boca la pastosidad caliente de la sangre. Intentó pensar, pero no pudo. Después, todo se hizo negrura inmensa, vértigo y nada.

Llegó un coche de policía local, luego otro de la nacional y otro más y una ambulancia y... gente. Mucha gente.

—Un guiri majara... se paró delante de la muchacha, sacó una escopeta de esas recortadas... la sacó de un papelorio en que la traía envuelta y le pegó dos tiros a bocajarro... fue la hostia.

—Pero por lo visto era su marido.

—Eso le pasa a muchas españolas que se casan con extranjeros, como a las que se juntaban con los americanos de las bases.

—¡Jode, dónde va la fecha, lo de las bases!

—Pues no hace tanto.

Las manifestaciones de celos siempre empiezan por pequeñas cosas, por situaciones triviales... una fiesta en casa de unos amigos que, aparentemente, se ha desarrollado sin el menor incidente. Pero a la salida nos llega la sorpresa:

—Oye, te podías haber quedado.

—¿Cómo?

—Sí, mujer, con el panoli ese que se ha pasado la noche mirándote las tetas y susurrándote cosas al oído.

—¿De qué me hablas?

—Sabes perfectamente de qué te hablo, y lo que te estoy diciendo es que te podías haber quedado en la fiesta y haberte metido con él en la camita, que estaríais ahora los dos tan a gusto, sin tener que disimular ante los demás, que siempre es una lata.

—No me puedo creer lo que me estás diciendo.

—Bueno, supongo que para ti es normal, pero yo es que no estoy hecho al trato con zorrones.

A partir de ese punto se desatan los gritos, los llantos y la rabia, los malos modos, los reproches más absurdos, el desencuentro, el silencio... y después, la llamada conciliadora, las explicaciones a modo de disculpa poco disculpatoria:

—Perdona, ya sé que me pasé unas cuantas calles, pero es que me pongo muy celoso... y es porque me importas. Siento por ti algo muy especial. Si no me importaras...

Nunca se debe caer en esa trampa infame. Cuando a un hombre le importa de verdad una mujer, lo primero que tiene que hacer es respetarla, otorgarle, para empezar, categoría de ser humano, con derechos irrenunciables a la libertad, a la dignidad y a la propia estima. Lo demás son zarandajas y cuentos de camino.

En las primeras etapas de la relación muchas mujeres sobreviven a sus novios o maridos celosos aguantando carros y carretas. Pasando por alto desplantes, insidias, malas caras, reproches, insultos... y hasta algún conato de agresión. Todo en aras de la buena marcha de la cosa; todo porque dice el precepto que a quien se quiere se perdona; todo pensando que con el tiempo esas reacciones patológicas se irán sosegando poco a poco y que, por último, desaparecerán. Pero la experiencia demuestra que en la realidad de la vida sucede justamente lo contrario y que de una mala cara ante un vestido escotado o un portazo tras la conversación de ella con un compañero de la oficina, normalmente se pasa a los gritos, a los numerazos y a las escenitas, y que de las escenitas se salta a las escenas y de ahí, con frecuencia, a situaciones límite e incluso, en doscientas mil ocasiones cada año, a soberanas palizas que dan con los maltrechos huesos del objeto de los celos en una Casa de Socorro.

A veces pensamos que no cuesta demasiado ceder ante determinadas exigencias, pero la evidencia cotidiana indica que las parejas de personas celosas acaban por renunciar a tantas cosas que el lógico fin es la renuncia a ellas mismas. Dejar de ver a un amigo que molesta al marido o al novio puede ser sencillo, pero no es ninguna tontería. Se empieza por eso y se acaba por la renuncia a la propia identidad.

Para sobrevivir a un marido celoso la única táctica aconsejable es no permitir que la situación llegue al extremo de tener que pensar en una táctica. Es decir, lo más recomendable es no pasar ni por media toba de celos desde el inicio de la relación. Por mucho que al principio unos celillos puedan halagar. ¡Ni celillos ni gaitas gallegas! Porque, desde el principio, se entiende que estamos hablando de celos patológicos y no fundados y las patologías hay que tratarlas adecuada y profesionalmente.

—Te he comprado este móvil, cielito.

—¿Para qué?, ya sabes que no me gusta el móvil.

—Ya, pero así te puedo localizar si necesito decirte algo.

—Me puedes localizar en la oficina. Allí me tienes diez horas, entre pitos y flautas.

—Ya, pero cuando no estás en la oficina...

—Es que estoy en casa o tomándome una tónica... ¿o es que me quieres controlar también el rato de la tónica?

—Pues ahora que lo dices, no sé qué haces desde que sales de la oficina hasta que llegas a casa, que a veces pasa hora y media.

¡Acabáramos! Desvelado el interés en que una posea un móvil: control y manipulación morbosa del libre albedrío.

A los maridos que ven fantasmas varoniles en cada gesto, acción o mirada de su mujer hay que ponerlos en manos de un psiquiatra (o de un juez, según los casos) si no queremos que la mano la pongan ellos, y encima de su esposa.

Así que en este capítulo, nada de chistes. A un marido celoso sólo se sobrevive cerrándole cualquier posibilidad de serlo, o al menos de manifestarlo. Ni tantito así.

—Te juro, Adela, que no volveré a levantarte la mano.

—Eso lo puedes jurar por lo más sagrado, porque voy a ser yo quien lo garantice.

Ésta es la cuestión: es la víctima la que tiene que poner los medios, y no el verdugo. La primera media leche se la traga la más pintada, pero la segunda hay que ponerla totalmente fuera del alcance del lechero. ¡Una y no más, santo Tomás!

Un hombre que te monta un número de luz y color en un ataque de estúpidos celos; un hombre que te persigue y te acosa, pretendiendo controlar cada uno de tus movimientos y conversaciones; un hombre que te levanta la mano una vez, una sola vez... no es un hombre, sino un enfermo que necesita ayuda. Y tú, aunque seas una prestigiosa psiquiatra (el trabajo y el amor no se deben mezclar), no le puedes ayudar en forma alguna.

Así que, lo dicho, la mejor, la única táctica ante un novio o marido celoso es ésta: ni tantito así, porque, y preciso es repetirlo una y mil veces, renunciar por un capricho de celoso abre la puerta a otras muchas renuncias. Tras ese umbral, está la renuncia definitiva; la renuncia a una misma.

Missing. «Voy a por tabaco y ahora vuelvo»

Un *missing* es la forma moderna y angloyanqui de definir a alguien desaparecido. Muy conocido, por ejemplo, es lo de *missing in combat*, sobre todo referido a Vietnam y que equivale al español «Dios mío, no siento las piernas». Pero el término logró su mejor fortuna y difusión a partir del momento en que se llevó al cine aquella dramática historia que protagonizó Jack Lemmon, atribulado padre en busca de su hijo desaparecido bajo el terror de uno de los grandes monstruos en la historia de los monstruos de aspecto humano que en el mundo han sido: Pinocho Pinochete Carroñero Pinochet.

Claro que este *missing* lo fue, como tantos y tantos otros, contra la voluntad del desaparecido y por el solo delito de creer en la libertad y la dignidad humanas, mientras que el *missing* que da lugar a nuestra reflexión en este libro es un ídem totalmente voluntario y responsable de ese buen/mal día en que decide abandonar a su novia/esposa/amante sin decir esta boca es mía, dar una sola explicación, dejar una breve nota escrita o proporcionar alguna pista sobre los motivos de su decisión. Aun admitiendo que los motivos de su huida sean de todo punto admisibles, comprensibles e incluso justificables, lo que no es de recibo es lo de despedirse a la francesa (por cierto que los franceses a eso lo llaman despedirse a la inglesa), dejando al otro con la angustia o la sospecha de un accidente mortal, un mal rollo o un vaya usted a saber.

Claro que dentro de los *missing* hay múltiples pautas de comportamiento que los diferencian. Por ejemplo, en la tradición del *missing* español la estrategia consiste en abandonar el domicilio familiar o el velador de la terraza con el pretexto de ir un momentito a comprar tabaco.

Uno de los ejemplos más señeros en esta hispana especialidad es el de Santiago Rusiñol. El genial pintor se casó muy entrado en la treintena y con suegra adosada. Los conflictos con su mujer, a quien parece que apoyaba decididamente yaya Dolores (que así se llamaba la mamá de ella), se producían con pasmosa regularidad. Una noche, al llegar a casa pasadas las que fueran, la suegra empezó a darle la matraca con lo de su vida disoluta, alcohólica y bohemia, y esto no puede seguir así porque así no se va a ningún sitio y ya es hora de que te des cuenta de que una cosa es una cosa y otra cosa es otra cosa, mientras que la hija de su madre lloraba compungida. A Rusiñol se le empezó a inflamar el hígado. En un pronto se puso en pie y dijo:

—No tengo puros. Voy al estanco y vuelvo enseguida.

No fue al estanco, sino a la estación de ferrocarril. Tomó un tren a París y allí pasó siete años.

Claro que Rusiñol volvía a casa de vez en cuando para ver a su hija, no como los *affaires* de Sonia y Maritina, que si te vi no me acuerdo... Por cierto, que... pero mejor se lo cuento todo y por su orden.

Mi amiga Sonia pasó por una experiencia de *missing* que durante algún tiempo la dejó traumatizada. Porque, en el fondo, lo malo de estas cosas no es el daño intrínseco que producen, sino la cara de gilipollas que dejan en la afectada. Hay gente que esa cara no la supera en todos los años de su vida.

Sonia era (y afortunadamente sigue siendo) una profesional cotizada, con tres hijos estupendos y un marido encantador, tierno y afable. Es probable que al matrimonio le faltaba una pizca (o siete) de pasión, pero sabido es que, con frecuencia, lo mejor es enemigo de lo bueno, así que, en conjunto, la vida le sonreía.

Toda aquella armonía se rompió de pronto y de la manera más imprevisible con la aparición en escena de un hombre maduro, de excelente posición y encantos múltiples. La única pega (además de otra más durita/blandita que ya se explicará cuando al caso venga) es que se llamaba Luis Alberto; Luis Alberto Dragón, pero su origen peruano disculpaba casi por completo el exotismo y el inevitable bochorno a la hora de las presentaciones.

Luis Alberto irrumpió como un ciclón arrasador en la existencia de Sonia, despertó su tigre dormido, avivó los rescoldos de lo que parecían yertas cenizas... Le explicó que estaba casado con una mujer que, además de afocada, era muy rica y que aunque hacía tiempo que estar en su presencia le resultaba insoportable, los problemas económicos coyunturales que en aquel momento padecía le obligaban a mantener las formas.

Sonia no había reparado en él desde su situación de resignada felicidad al uso, pero Luis Alberto preparó su plan con mezquindad propia de don Juan: «...y ahora una novicia, que esté para profesar» (Sonia de novicia tenía poco, pero bastante de personaje singular, próximo a doña Inés), y con la prepotencia de los que creen tenerlo todo al alcance de su mano, entró a saco en la conquista con un estilo de manual que, justo he de reconocerlo, sigue funcionando:

—¿Sabes?, estoy fascinado por ti... desde hace un año no pienso en otra cosa.

Sonia alucina, vecina, y trata de convencer al varón en ataque de que ella no tenía ni la más remota o pajolera idea y que en jamás de los jamases tuvo un pensamiento lúbrico hacia su persona, pero el varoncito insiste:

—Vamos, vamos... usted sabe muy bien de lo que le hablo.

Y ella, tras acostumbrarse a la intimidad sin tuteo propia de los países hermanos, argumenta que es fiel esposa, madre amantísima y cumplidora de todas las obligaciones inherentes.

—Sonia, es evidente que su marido no está a la altura de su sensibilidad. Sin embargo, yo... deseo ardientemente iniciar con usted algo que no sé a dónde podrá llegar.

Frase premonitoria que el futuro se encargaría de recordar a Sonia, porque como llegar llegar, a lo único que llegó fue a ser una putada de fin de milenio.

Mi amiga, no obstante, utilizó las viejas armas de darse a valer («A ver si se cree éste que a mí va a venir alguien a hacerme cuatro cucamonas para echarme un polvo»). Luis Alberto tuvo la santa paciencia de esperar como un novio de los sesenta. Nada menos que cuatro meses sin consumar, que en los tiempos que corren ya es para el *Guinness* de los récords.

Y Sonia hizo lo que nunca habría soñado hacer: fingió viajes con amigas para saltar a medio mundo buscando los brazos del amante que le devolvía la pasión más irrefrenable, mintió a su esposo y a sus hijos, canceló encuentros profesionales, se arrebató como una colegiala... En resumen, que una vez consumado aquello por lo que el Dragón había rugido durante tantas semanas y tras el regreso al país de origen, le dijo aquello tan peligroso de:

—Nos llamamos...

Y es lo que yo digo siempre en estos casos: ¿nos llamamos, cuándo?, porque está claro que semejante inconcreción ya sugiere que el que la formula no es muy de fiar. Fue el caso de Luis Alberto que no «nos llamamos» porque no volvió a llamar.

Sonia consideró la posibilidad de hablar con él por teléfono. Se lo pensó muy mucho y lo consultó mucho más a Maricú, su mejor amiga. Le preocupaba aparecer a sus ojos como una mujer posesiva y celosa, pero habían pasado varios días y... finalmente, tomó la decisión de localizarle en el móvil que ella misma le había regalado para situaciones extremas.

—Diiiiga.

—¿Luis Alberto?

—Síií, mi hijita linda... ¿cómo le fueeee?

—Pero... ¿eres tú de verdad?

Es que no daba crédito que el pollo pera le saliera con semejante mandanga de «¿cómo le fueeee?»

—Claro que soy yo, pero me encuentro en un *meeting*, te llamo en media horita no más, corazón lindo.

—¿En media horita? A las seis en punto, entonces.

—A las seis en punto, cielito.

Y ni seis en punto ni gallinitas en ácido acético (por pollas en vinagre, castizos *dixit*). El maromo no volvió a llamar, amén de desconectar el móvil para siempre jamás, otra vez amén.

El incomprensible silencio desconcertó por completo a Sonia, se preocupó muchísimo y vivió días de angustia pensando que los problemas debían haber ido demasiado lejos y su amante se habría visto obligado a huir y esconderse, a quitarse de en medio hasta que amainara el temporal financiero... aún peor, podía estar detenido en un lóbrego calabozo. Llegó a imaginárselo como a Edmundo Dantés, el conde de Montecristo, con su jarro de agua sucia, su chusco de pan duro y su rata paseante en lóbregas mazmorras.

Una amiga le sacó por fin de dudas, tribulaciones y penitencias: el tipo estaba cómodamente instalado en un chalecito de la costa, disfrutando de la compañía de su santa esposa.

A Sonia le dolió como si le hubieran aplicado un hierro candente. Aquella felonía era difícil de digerir, pero lo que peor entraba en su cabeza era el hecho de que aquel ca... se hubiera marchado sin decir «ahí te quedas» o «perdona bonita, pero Lucas...». Nada, ni una explicación, ni una disculpa, ni un motivo, ni una palabra, ni un «el fútbol es así...». Total, que un *missing* de enciclopedia.

Claro que lo de su hija Maritina también había sido tremebundo. Y había ocurrido tan sólo un mes antes.

Resulta que en un viaje en tren conoció a un chico, charlaron, se gustaron y él le pidió el teléfono. Normal. Al día siguiente la llamó a su casa, charlaron y salieron en tres ocasiones. A tomar una copa. Nada más.

Un domingo por la tarde le propuso otra cita, pero en aquel caso, bastante especial. A la chica le venía fatal porque estaba preparando un examen final. Además...

—Además es que estoy en pijama. Tendría que darme una ducha, arreglarme... casi lo dejamos.

—Por favor, inténtalo. Es que me apetece verte a morir. De verdad, oyes.

—Ya, pero, ¿no podríamos quedar mañana o pasado?

—Te pido de rodillas que sea esta tarde. Es que he quedado con una pareja, Paco y Adela, que son mis amigos más íntimos, les he hablado de ti y están deseando conocerte y yo que los conozcas tú a ellos... por favor...

Sin saber muy bien por qué, a Maritina la idea de conocer a los amigos íntimos de un chico con el que prácticamente acababa de entablar relación le sonaba un poco a medio petición de mano... la cosa le hizo gracia y se decidió.

—Venga, vale. A las ocho y cuarto en mi portal.

—¿No podría ser a las ocho?

—Bueeno... a las ocho en punto.

Maritina se duchó, se dio cremita hasta en el carnet de identidad, se acicaló, se depiló un pelín el pelín de la ceja, se maquilló, se perfumó, se puso mona-monísima y se lanzó a la calle a las ocho en punto de la tarde-noche. Echó un vistazo distraído para ver si había algún coche esperando. Nada. Miró arriba y abajo, miró el reloj de pulsera, miró los anuncios de la cercana parada del autobús y los escaparates de las tiendas de enfrente. Miró todo muchísimas veces, hasta las diez menos veinte en que dejó de mirar para empezar a maldecir en varias lenguas muertas (arameo, dogón, caldeo, sumerio, asturleonés, acadio...). El pollo pera de aquel fabuloso plantón no volvió a llamar en jamás de los jamases.

Ni Sonia ni Maritina volvieron a tener el menor indicio de vida de sus respectivos. La niña se lo tomó a guasa, pero la madre decidió que a ella no le tomaba el pelo ni su madre (la abuela de la niña) ni un peruano, ni un jupiteriano, ni uno de Mondoñedo... que hasta ahí podíamos llegar. Así que se puso manos a la obra porque, en el fondo, algo necesitaba hacer para sobrevivir a aquel fiasco sentimental de proporciones cósmicas.

De su proceder puede deducirse la respuesta adecuada para estas situaciones, porque la táctica que se aconseja no es otra que la del uso indiscriminado de los medios de comunicación, con especial preferencia por el sector audiovisual.

Sonia decidió desde el principio ser lo más ecuánime y neutral posible y por ello optó por el reparto equitativo entre cadenas. Marcó sus objetivos en tres direcciones: *¿Quién sabe dónde?* de TVE, *Sorpresa, ¡sorpresa!* de Antena 3, y *Ana* de Tele 5. Así, todos contentos.

En *¿Quién sabe dónde?* Paco Lobatón estuvo soberbio. Claro que, en realidad, como siempre: amable, profesional, riguroso, cordial... Recibió a nuestra ya común amiga con uno de esos reportajes, con Inocencio en la voz en *off*, que estremecen a una piedra pómez, aunque sean referidos a la pérdida accidental de un galápago.

Off: —Aquella tarde estival nada hacía presagiar un fatal desenlace para la relación que hacía un mes y medio habían iniciado Sonia y Luis Alberto... Estaba la mar en calma, la luna estaba crecida... relación que en tal signo nace no debe decir mentira... la luna en el campo al chiquillo con lances de luz le ayudó y, una vez más, el destino se alió con la oscura sinrazón de un drama cotidiano y fútil...

En el programa apareció la foto del interfecto.

—Luis Alberto... ¡mirá, boludo, es tu retrato!

Con distintos acentos y ligerísimas variaciones, la exclamación se repitió al unísono en diversos lugares de España, Europa y América hispana.

Y eso sólo fue el principio, porque Sonia no se cortó ni un pelo y mirando fijamente a la cámara dijo:

—Luis Alberto, no quiero nada de ti, de verdad, nada... excepto que me des una explicación... No de tus carencias sexuales, no, que sabes que desde el principio asumí que eras inválido de los bajos... No, lo que quiero es que me expliques el porqué de esta forma tuya de largarte sin decir esta boca es mía.

Además es que estoy preocupada por ti, sobre todo porque creo que has vuelto con tu esposa y como me contabas que le olía tanto el aliento y que roncaba como una morsa... pues me preocupo, fíjate qué tontería...

La pareja de Sonia se fue al garete, pero, como es lógico, con eso se contaba. Lo de Luis Alberto fue peor. Su vida se convirtió en una tortura: su mujer le increpaba a cada instante y le amenazaba con la inminente ruptura que le dejaría a la luna de Valencia, sus socios en el negocio del banano se cachondeaban a tope imitando a Sonia en lo de los bajos, los niños de la calle le hacían cuchufletas... pero las desgracias nunca viene solas y Sonia continuaba su periplo informativo en el programa de la Gemio. El *Sorpresa, ¡sorpresa!* del título se quedó chiquitín, chiquitín, ante la cara de Luis Alberto cuando las cámaras de Antena 3 irrumpieron en el porche de su chalet (el chalet de su señora) para mostrarle el braguero que le regalaba su gran amiga Sonia.

Cuando le acercaron el micrófono a la boquita, el damnificado sólo acertó a decir:

—Agfjjshuyrtbrbbuisi... fgbsfbsuhbggs... que la parió.

Lo de *Ana* en Tele 5 fue el remate. Al poste y por bajo. Una prostitutada.

El título del programa de aquella tarde fue «Mi pareja se hizo humo». Sonia lo había gestionado con una amiga de la redacción, María Granizo, quien inmediatamente le vio punta al asunto. Tanta, que no le costó nada vender el tema a su jefa. Sobre todo cuando la protagonista se comprometió a contar lo del «sexo de bígaro» de su desaparecido amante.

—Yo esto lo cuento porque puede ser una pista que conduzca al esclarecimiento del caso.

Ana García Lozano, la conductora del programa, puso esa cara tan cuca que ella pone y la animó a seguir con el relato.

—Pues resulta que mi amante quiso llevarme a la cama el primer día que me conoció, y, claro, por ahí no pasé porque me parecía que una relación sóla y exclusivamente basada en el sexo no merecía la pena, ni a mí me interesaba en aquel momento. Pero él insistía e insistía... hasta que una noche... pasó lo que tenía que pasar.

—Mantuvieron relaciones sexuales.

—No exactamente. Nos metimos en la cama, nos acariciamos, nos besamos apasionadamente... pero de penetración... nada.

—¿ ?

—Yo, al principio, pensé que podía ser un desinfle de esos que les dan a los hombres cuando se han pasado de copas, pero la verdad es que mi Luis Alberto sólo se había tomado un Bloody Mary y no me parecía a mí...

—¿ ?

—Claro que la penetración, como su propio nombre indica, requiere de pene y de tracción y si no hay lo uno... aunque lo otro... ¿sabe cómo le digo?

—Pues... no del todo, pero, ¿nunca llegaron a consumar el acto?

—No. Ni esa noche ni ninguna noche, ni en la siesta ni en la del alba sería... nada.

—¿ ?

—Cuando fue aumentando la confianza, me decidí a acariciarle ahí, en sus partes, en la zona genital, ¿me comprende?

—Perfectamente.

—Pues oiga, nada. No tenía nada, como una muñeca de las de antes, ¿sabe cómo le digo?

—Sé cómo me dice.

—Creo que eso se llama «sexo de bígaro» porque para sacar el bichito en cuestión hay que hacerlo con un alfiler, así, mire, cogiendo así... ¿sabe cómo le digo?

—Sé cómo me dice.

Sonia está ahora en negociaciones con Canal Plus para que incluyan un muñecote de su Luis Alberto en *Lo más plus*.

Vamos a ver qué pasa.

A marido que huye, puente de plata

Que a una le abandone su marido por otra siempre es un trago de mal gusto, pero si al bebedizo se le añade el cruce de trenes del tiempo, con ella jovencita en el vagón de cabeza y una cincuentona en el furgón de cola, la cosa se pone de color negro-hormiga abetunada y fumé. Sobre todo en el caso de modelo de cincuentona que las gentes de mal gusto llaman «maruja» y que yo rebautizo en Carmen, de Carmen de España salero, Carmen de España te quiero, pero ahí te quedas... y que mucho te quiero perrito, pero pan, poquito, que me voy con la titi jovencita porque tengo derecho a vivir mi propia vida y a realizarme.

Es entonces cuando se viene a la cabeza la letanía del otrora solemne sacramento. Para toda la vida. Eso es lo que dice el juramento matrimonial y Carmen se creyó que iba en serio. Carmen se casó para toda la vida. En la riqueza y en la pobreza, en la salud y en la enfermedad, para toda la vida. Carmen juró amarle y respetarle... y en el fondo eso, para ella, educada en los rígidos principios de una señorita de los años cincuenta, significaba jurar también ser buena cocinera, buena madre, buena gobernanta de su casa (ahorradora, limpia y discreta), lavar y planchar primorosamente la ropa, ser el reposo del guerrero (lo cual equivalía a ponerse cuando él le decía «¡ponte!») y la guardiana del hogar... y la Biblia en pasta.

Pero, ¿y Manolo? ¿Qué había jurado Manolo? Evidentemente, había jurado lo mismo, pero la cruda evidencia es que a través de los tiempos estos juramentos han tenido y tienen un significado distinto para el hombre.

Desde aquella tarde soleada en la capilla de la catedral en el año de gracia (poca, ¿no?) de 1958, mucho ha llovido y cambiado en España y en el mundo. Pero Carmen ha estado protegida por un amplio paraguas: el de su hogar y el de sus hijos. Ella ha cumplido su parte del trato y además, ha dado libertad a Manolo para echar sus canitas al aire, haciéndose discretamente la tonta, por aquello que le enseñaron de que los hombres necesitan otras cosas... otros desahogos. Ha sido su mujer, su madre, la madre de sus hijos, su gobernanta y su conciencia.

Aunque Manolo, con cincuenta y ocho años vividos a pie de calle, oficina y bar de copas a diario y *top-less* los jueves, ya no es aquel chico joven de buena familia con el que se casó. Aquel cuyas únicas aspiraciones eran formar un hogar, tener hijos, jugar al fulbito con ellos cuando crecieran y triunfar en los negocios.

Manolo se ha puesto al día de los tiempos que le toca vivir. Ella, en cambio, sigue fiel a lo que le enseñaron y no comprende que sea necesario adaptarse a nada «porque hay valores que no pueden estar sujetos a modas y que están por encima de los tiempos». Por eso, cuando aquella tarde Manolo va y la cita en una cafetería «para hablar de cosas muy importantes, que nos interesan a los dos», se siente muy extraña ante aquello que su marido no puede decirle en el mejor de los lugares: en el ambiente cálido, limpio y sencillo de su hogar, en el saloncito frente al televisor, única ventana por la que ella ve el mundo. Pero se viste discreta, como siempre, y llega con temor a la cita, después de treinta y tantos años, con su propio marido.

Inevitablemente, Carmen va recordando por el camino sus citas en las puertas del parque del Retiro, cuando tomar café en una cafetería era un lujo en una época de ahorro —había que comprar el piso y luego pagar puntualmente las letras— y rememora aquellos paseos bajo las copas de aquellos árboles que miran al cielo que, como ella, permanecen rígidos ante el paso del tiempo... y se acuerda de aquella obra de Casona, *Los árboles mueren de pie*, que, por cierto, qué bonita... y aquella otra de *Los habitantes de la casa deshabitada*... no, ésa era de Jardiel. La que era de Casona era *La dama del alba*, que al principio salía un labriego y decía «... huele a hogaza caliente»... y *Nuestra Natacha*... que salía un industrial de Tarrasa, en todo el fregao de la Revolución bolchevique, para decir: «París, ¿cómo le diría yo?, París es como un Barcelona, pero en pequeño.»

Sin saber por qué le viene la nostalgia del tiempo pasado y la angustia le llena la garganta cuando se sienta frente a él. Además, él, Manolo, pide un «Frutocrispis» que es bebida de adolescentes, en lugar de su *gin-tonic* de toda la vida. Manolo la mira como al bies y le dice:

—Carmen. Lo que... en fin, lo que...

Y ahí se queda encasquillado que ni p'alante ni p'atrás. Ella intenta ayudarle.

—Lo que... ¿estábamos esperando?

—No, bueno, no sé si tú lo estabas esperando, pero vamos, la realidad es que... esto que quiero decirte es muy duro para mí.

Y ante sus espantados ojos le confiesa que su última aventura (porque ha habido otras, a qué negarlo a estas alturas y bajuras) se ha convertido en algo más y que no puede seguir engañándola.

—Por supuesto, no tienes que preocuparte de nada, porque yo me iré con lo puesto y puedes quedarte con la casa de Madrid y la de la playa, y te pasaré cuanto te sea necesario.

Pero Carmen no piensa más que en el horror que le supone comprobar cómo es posible que en cinco minutos de nada, aquel ser que forma parte de su propia persona, su media naranja, su *alter ego* y su... se ha convertido en un perfecto extraño... y piensa en su familia, en sus amigas y en su hijos, ¿qué le dirá a sus hijos?, y acierta a preguntar:

—¿Qué edad tiene?

—Es joven.

—¿A qué llamas tú joven?

—Pues... tiene veintiocho años.

—Igual que tu hija Marina.

Eso le ha dado en toda la línea de flotación y Manolo enrojece. Toma un poco de aire y replica:

—Sí, pero es más madura.

Carmen, que desde hace años todo lo traduce en símiles caseros, piensa que ha puesto a centrifugar la lavadora y en lugar de la ropa, es ella la que está dentro...

Y con la cabeza dando vueltas y vueltas y vueltas, deja a Manolo plantado y sale a la calle, corriendo, sin dirección; y en su carrera vertiginosa pasan de pronto los años no vividos, las emociones congeladas.

Cuando físicamente no puede más, se para y piensa en lo que puede hacer, cómo sobrevivir a la hecatombe...

Esta historia de Carmen es la de todas las Cármenes que en el mundo son y han sido en un momento en que los Manolos, que también son y han sido, comienzan una marcha atrás en la que pasan del ridículo a la proeza intentando dar la talla en ese volver a empezar.

La cosa tiene tela marinera y la pregunta es, ¿cómo sobrevivir a esta situación?

Les propongo tres alternativas o estrategias a las que voy a dar título en un instante. Estrategia número uno, que denominaremos «Te voy a sacar hasta la cerilla de los oídos»; estrategia segunda o «Método suave para amargarle la vida con la otra»; y estrategia número tres, también llamada: «Por mí, ¡como si te mueres!»

La estrategia «Te voy a sacar...» es, no sólo la primera, sino la principal. En realidad, las otras dos y cualesquiera otras que se le puedan ocurrir estarán subordinadas a ésta e incluso pueden considerarse como optativas. Ésta no. Porque se trata de defender los derechos adquiridos, la propia supervivencia.

La rabia y el despecho se dejan a un lado, y de manera serena y con toda naturalidad se plantea el asunto:

—Pues... nada, nada, lo que tú digas, chico, puedes irte cuando quieras... oye, por cierto, ¿cuánta pasta llevas encima?

—No sé... a ver... unas siete mil quinientas.

—¿No puedes ser más concreto?

—¿Más concreto?... Pues, vamos a ver... siete mil seiscientas cincuenta, justas.

—De acuerdo. Pues te las puedes quedar... lo demás, para mí. Y cuando digo lo demás, quiero decir lo demás, ¡todo lo demás!

Este método de sobrevivir puede calcarse de las protagonistas de la película *El club de las primeras esposas*, llevando la intransigencia económica hasta convertir su relación de papá protector, en un «contigo pan y cebolla», que no hay amor que resista.

De lo que se trata es de que las Cármenes, después de treinta años o más de servicios prestados, de trabajos, fatigas y cuidados sin cuento, no se queden en la pu... calle, a verlas venir, ya que los Manolos, en cuestiones de separación y divorcio, suelen ser superliberales de la escuela keynesiana y, en consecuencia, decididos partidarios del despido libre sin indemnización.

Naturalmente, nuestra conversación del «yo todo y tú las siete mil seiscientas cincuenta» dibuja sólo el horizonte utópico de la cuestión. En la práctica, siempre aparece el tío Paco con las rebajas y se dan casos de Manolos capaces de escaquear la pela y la tela en las mismísimas presuntas narices del juez.

En definitiva, y de acuerdo con las circunstancias, se trata de conseguir el máximo posible para Carmencita, por las buenas o por las malas, y dejar al Manolete en disposición y planta para el gran disfrute de un juvenil «contigo pan y cebolla». Dejando bien sentado que, dentro de lo posible, el pan duro y mohoso, y el bulbo seco y escaso.

Una vez asegurado el futuro económico de Carmen, pasemos a las estrategias subordinadas, empezando por la nominada «Método suave para amargarle la vida con la otra».

Y para abrir boca, una sentencia: a enemigo que huye, puente de plata. Sólo hay que procurar que el puente esté convenientemente minado, ya que bajo él debe discurrir un tumultuoso, tortuoso y proceloso torrente lleno de rocas, rápidos, traicioneras hoyas y peligrosísimos remolinos.

¿No trata él de rejuvenecerse por la vía del pimpollo adolescente? Pues oye, que lo viva a tope y aventureramente, y... ¡le dé al *rafting*, coño!

Carmen, muy civilizadamente ella, muy «modelnamente» ella, muy solemnemente ella... le dice a su ex Manolo:

—No pienses que voy a intentar retenerte contra tu voluntad. No, nada más lejos de mi intención. Al contrario, quiero que todo sea fácil y natural... sólo quiero pedirte un favor.

Él, que está a punto de hacerse pis de lo bien que va todo, responde balbuceante:

—¡Claro, lo que quieras, di...!

—Quiero conocerla.

Estupor estuporado.

—¡Eso sí que no... vamos, ni borracho la traigo! No, de verdad, iba a ser muy incómodo para las dos... y para los tres. Sobre todo para ti. Resultaría humillante.

—Lo que de verdad me humilla es que te niegues. Eso significa que me crees capaz de montar una escenita de celos o de... Manolo, de verdad que no entiendo por qué, pero, por primera vez en mucho tiempo... yo te comprendo. Muy a mi pesar, bien es verdad. Además, ¿qué quieres que te diga?, te sigo queriendo y, ¿no comprendes que tengo que comprobar por mí misma que esa chica te merece? Me he hecho a la idea de perderte, pero no puedo concebir dejarte en manos de cualquiera. Manolo, ¡no añadas a mi tristeza y a mi soledad la angustia de pensar que pueden hacerte infeliz!

Estos alardes de cinismo y teatralidad son absolutamente imprescindibles para lograr el éxito en tan decisiva empresa.

Los ojos como platos de Manolo revelan a Carmen que no sólo está impresionado con su apasionado lirismo y soberbia interpretación, sino que su ego corre peligro de explotar debido a la incontrolable hinchazón.

Así que, Carmen, como una diva a lo Margarita Xirgu, prosigue:

—Además, si esa chiquilla es como yo quiero pensar que es, también se quedará más tranquila después de la entrevista, sabiendo que no la considero culpable de nuestra ruptura... que en mí puede encontrar, si no una amiga, al menos alguien en quien poder confiarse... ¿no crees que eso sería bueno para todos?

Mutis, cae el telón, suenan los aplausos y los bravos enfervorizados del respetable... las candilejas se iluminan, llueven las flores sobre el escenario...

Con estos mimbres, el cesto de la reunión está listo. Claro que antes de que se produzca, hay que sembrar en las rocas, embudos y rápidos del torrente aquel que ustedes ya saben.

Nada de cafeterías, nada de rincones neutrales. La reunión debe verificarse (lo de celebrarse sería un exceso de confianza) en terreno propio. En esto «el factor campo» es fundamental.

Los «maduros interesantes», que lucen tanto en *pubs* selectos, de rincones apacibles o exóticos, y en lujosos hoteles enmoquetados hasta la rodilla, pierden cantidad de cantidubi en el ambiente convencional del propio hogar, dulce hogar.

Cuando la jovencita de marras se siente en el sofá del tresillo de polipiel (ése en el que te hundes y no sabes donde poner la pierna, el brazo, el esternón y el hueso sacro), frente al cafelito y las pastas o la *cola-light*, no tendrá dificultad para otear el retrato de boda, lujosamente enmarcado en plata repujada. «Pero, ese jovencito con cara de atontado... claro, es Manolo, quién va a ser... qué pinta ¡y cuánto pelo!»

Es conveniente que, además de la foto de boda, se coloque en lugar estratégico alguna otra de ésas en las que Manolo aparece con pelánganos y patilla de boca de hacha, tipo bandolero generoso, chaqueta de pana y pantalón campana... («Bueno, bueno... qué facha más ridícula... además, ¿a quién me recuerda el Manolo de progre?... ¡coño, pues a mi padre!»).

Y la reunión da comienzo.

—Carmen, te presento a Tonucha. Tonucha, Carmen.

—Gracias Tonucha, muchas gracias por haber aceptado venir hasta aquí para charlar conmigo. Además... oye, ¡pero si eres monísima! bueno, bueno... y un tipazo... de verdad, qué sorpresa, porque sabía por Manolo que eras muy inteligente, pero es que no me podía hacer una idea... guapa, pero guapa...

—En fin... tampoco es para tanto.

La interfecta empieza a darle vueltas a la cosa, pelín mosca («¿Pero qué es lo que le ha dicho este gilorio de mí, que era lista, pero un coco? O sea, que no valora el bellezón que lleva al lado... Lista, dice el tío, no te fastidia, ¿y este cuerpazo que se está beneficiando el tontolaba este de la barriguita fláccida...»).

Manolo, además de soltar un nervioso «ejem», también se pone a darle vueltas al coco («Pero si yo no le he dicho nunca nada ni de lista ni de tonta ni de leches... claro que, mientras la cosa vaya por ahí... me vale que piense que estoy con ella por algo más que por lo supermaciza que está...»).

Carmen, que disimuladamente no se pierde ni el más leve pestañeo de sus interlocutores, procede a dar otra vuelta de tuerca:

—Claro que no me extraña que Manolo me haya recalcado tanto lo de tu inteligencia... porque, siendo tan inteligente, seguramente que puedes comprenderle. Porque el problema conmigo es que yo no le comprendía. Supongo que te lo habrá dicho mil veces. Y la verdad es que es la pura verdad... no le comprendo. Tengo que reconocerlo.

Tonucha sigue la charla en plan interactivo, de manera que, mientras escucha, piensa a toda velocidad («Por supuesto que me lo ha dicho infinidad de veces. Menuda cantinela y menuda paliza que me ha dado con el rollo de la incomprensión de su mujer. Claro que a esta tonta la ha terminado convenciendo... aunque, la verdad es que a mí no me parece tan tonta. Dentro de lo que cabe, tiene su estilillo... o más bien, su encanto. Yo creo que, en el fondo, Manolito tiene su punto de manía persecutoria... como cosas de viejo... y es que le miro y hoy me parece mucho más viejo que otros días...»).

Manolito, que también se da maña en lo de pensar por lo bajinis, tras otros carraspeos, cavila para sí: «A buenas horas mangas verdes me viene ésta ahora a reconocer que no me comprende...»

—Tú, Tonucha... que, por cierto, vaya nombre bonito y con clase...

—Gracias, es de María Antonia.

—Ya, pues eso, Tonucha, que tú si que le comprenderás, porque, quieras que no, los jóvenes sois más abiertos y más tolerantes... Manolo lo que necesita es seguridad y tranquilidad... y ahora sé que lo dejo en buenas manos.

Tonucha asiente con la cabeza mientras se dice: «Esta tía es que se cae de puro tonta y de puro buena. Vamos, que parece una mamá dejando a su niño en la puerta de la guardería... ¡Pues yo no estoy para ponerme a jugar a papases y mamases de la señorita Pepis! Sólo faltaba que me dedicara yo a cuidar a este muermo, que no dice ni Pamplona y carraspea que te carraspearás... que le dé sopitas y buen vino... ¡tiene bemoles...!»

Del lado manoleril, la ligera intranquilidad del principio se está convirtiendo en franco nerviosismo. Siente como que el suelo se le mueve bajo las plantas. Sin darse cuenta, ha perdido todo su tradicional y nunca bien ponderado aplomo ejecutivo y mira sus lustrados mocasines tratando de sujetarse al manto terrestre. Y nada, que no. Como si fueran zapatillas de fieltro, agujereadas en el dedo gordo. Lamentabile. Además, Carmen vuelve a tomar la palabra.

—Manolo es un hombre magnífico. Con sus cosillas, quieras que no... pero lo que... como te vas a enterar más temprano que tarde... porque supongo que copular copuláis, pero eso no es lo mismo, aunque lo parezca, que la vida marital. En la vida marital, Manolo, después del acto, se suele quedar profundamente dormido y empieza con unos ronquidos que más de una vez han venido los del 092 por denuncias de los vecinos. Y lo que tienes que hacer es así: chis, chis, chis, chis... ¿sabes cómo te digo?, como con la lengua un poco arqueadita. Y si te falla, lo que haces es meterle un calcetín en la boca. Eso es mano de santo. Bueno, yo normalmente no lo hacía porque me daba cosa... prefería quedarme sin dormir y tratar de echar una siestecita al día siguiente.

—Bueno, perdona, pero eso no es así. Yo reconozco que durmiendo respiro fuerte, pero eso no es roncar... es respirar fuerte.

A su titi, la explicación no le convence ni un pimiento y ya se imagina metiéndole media docena de calcetines sudorosos para que le lleguen al pulmón responsable de la dichosa respiración fuerte. Aunque lo que está claro es que el tío de aparato respiratorio anda fatal, porque vaya carrasperas que se trae toda la tarde...

—Aunque, si te soy sincera, lo de los ronquidos se le puede soportar por lo otro... ya me entiendes... fíjate que a pesar de que la pasión hace tiempo que murió entre nosotros, todavía hay noches, hasta hace nada, que hasta tres...

—¿Quiquis?

—Bueno, eso... como lo llaméis ahora. Eso que te pasa cuando te dan justo en el punto G ése.

O sea, rumia Tonucha, que a la parienta ésta que no le comprende para nada y que le hace la vida imposible, tres, y a ella que es la amante y la otra-la otra, la que no lleva un anillo con una fecha por dentro... con uno la deja despachada...

El Manolo, que como todo Manolo tiene el ego sexual disparado y burbujeante, ni cae en la cuenta de la trampa que su ex le tiende y sonríe bobalicón, a pesar de que la rotunda falsedad le consta, por mucho que quiera justificar que uno de los suyos vale por catorce del prójimo.

La charleta continúa por vericuetos más o menos escabrosos, hasta que de pronto se pronuncia la palabra dinero.

—Tú no pienses que es tacaño... es, ¿cómo te lo diría yo? responsable... como siempre hemos vivido gracias a las ayudas de mi familia, porque él, el pobre, gana una miseria, pues es mirado para el dinero. Por mucho que yo le decía que lo de mamá era también suyo... pues él nada, a escatimar en todo. Es como una obsesión.

De pronto, Carmen descubre que el carraspeo es contagioso, porque Tonucha ya es que no para... así que, por si las moscas, se levanta, disuelve la reunión con la mejor de sus sonrisas y... ¡que Dios les ampare, hermanos!

Y con este mutis llegamos a la estrategia número tres, denominada, por si ya no se acuerdan, «Por mí, ¡como si te mueres!». Aunque de los difuntos recientes, mejor no hablar demasiado mal; es decir, que al ex sirve considerarlo como muerto, tal que enterrado, tipo olvidado... y punto. Porque, haya seguido nuestra Carmen la estrategia que haya seguido, ya debe estar a punto para la traca del «¡pues y yo más!», que en esencia consiste en buscarse un pedazo de caribeño tipo cubano.

—Oye, que me han dicho que sales con un chico que está que te mueres.

—Pues sí.

—Y, ¿a qué se dedica?

—Es erecto.

—¿Eso qué es?

—No te puedes ni hacer una idea.

—Si no me lo explicas... no sé a qué viene tanto secreto.

—¿Tú te imaginas esa textura y esa contundencia que se le pone a una media *baguette* de tres días?

—Pues sí... pero no...

—No, si ya te lo decía yo... que no hay forma de imaginárselo. ¡Hay que vivirlo!

Es tiempo de borrón y vida nueva. Lo del caribeño tipo cubano-dominicano es importante, aunque no estrictamente imprescindible, porque para el caso de la cosa se pueden encontrar excelentes ejemplares en Alcorcón, Motilla del Palancar, Jaraíz de La Vera, Villanueva de la Serena o Pechina de los Marineros... pongo por caso. Lo importante, lo verdaderamente significativo, es que Carmen, cual Agustina Zaragoza revivida, pueda gritarle al viento y al mundo mundial: «¡Manolo ha muerto, viva Manolo!» (Otro Manolo, se entiende).

Esas «amigas» que te apuñalan por la espalda

¿Qué les parece a ustedes lo de los triángulos relacionales? ¿Que no saben lo que son? A lo peor la pregunta se ha quedado corta, porque en realidad habría que llamarlos «triángulos relacionales en equilibrio inestable». ¿Que tampoco? Vamos a intentarlo con «triángulos relacionales del género *amicus* en equilibrio inestable».

Ya sé que queda larguísimo, pero no me dirán que ahora no se entiende... ¿Que no del todo?

Hasta los alumnos de la ESO saben que un triángulo es una figura geométrica de tres lados y tres ángulos, con una hipotenusa y dos catetos, aunque cuando lleguen a mayores comprendan que un triángulo en realidad es lo que los franceses llaman un *ménage à trois*[1]. O sea: chico-chica-chico o chica-chico-chica, o tres chicos o tres chicas que establecen entre sí una relación de acuerdo y acorde con su orientación sexual respectiva.

A esto hay que añadirle lo de *amicus*[2], que convenientemente traducido del latín nos da un triángulo de amigos sin más, olvidándonos del sexo, que, aunque pueda aparecer en cualquier asociación de humanos, no es ni característico ni mucho menos determinante en el asunto que nos ocupa.

Y ya sólo queda lo del equilibrio inestable, que es un poco el intríngulis de toda esta *merda*[3], porque, naturalmente, un triángulo de amigos puede tener

---

[1] En francés en el original y en todos los ejemplares de esta edición, salvo errata de imprenta.

[2] En latín en el original y en todos los ejemplares de esta edición, salvo errata de imprenta.

[3] En catalán en el original y en todos los ejemplares de esta edición, salvo errata de imprenta.

una relación perfectamente equilibrada y entonces no hay nada que rascar aquí.

La cosa es que cuando no se da esta circunstancia, pasa lo que pasa. Es decir, lo que le pasó a mi amiga Leli con Katy y Chonchi, más sus respectivos maromos (conste que sé que lo de maromo no está muy a la moda, como lo de paradigma, que lo voy a escribir dentro de unas líneas, pero a mí me sigue haciendo gracia).

Porque Leli, Katy y Chonchi y sus respectivos, a su manera (y a su bola, que se dice ahora), son el paradigma de la cosa triangular que nos ocupa (paradigma, ya les decía, es una palabra que se usa mucho de un tiempo a esta parte. En la conversación corriente ha aumentado de manera notable el número de paradigmas y casi todo es ya un paradigma de algo. Además, el vocablo tiene un sonido precioso y un aquél, que parece que hablas como don Julián Marías. No digamos ya si se refuerza y se dice aquello de «absolutamente paradigmático». Eso ya es el despiporren. Y es que las palabras esdrújulas tienen un empaque... porque, ¿qué me dicen de apotegma? Aunque a veces la «ge» se engancha un poco en la garganta, apotegma es una palabra preciosa, redonda, ajamonada y molluda, que intentaré colocar en alguna de las páginas de este libro antes de que el epílogo nos separe). Y tras este circunloquio (otra palabra de mucho efecto y donosura), volvamos a lo que nos ocupa.

Chonchi y Katy son amigas de siempre, desde el colegio o así, y se quieren muchísimo. Su relación con Leli es más reciente, pero también las/se quiere/n mucho. Los respectivos de las tres son gente maja y entre ellos se llevan estupendamente.

En definitiva, que la relación es estupenda en todos los sentidos del triángulo, sólo que... Katy lo tiene como muy claro, porque conoció a Leli antes que Chonchi y fue ella quien las presentó. Y basándose en eso Katy ha decidido que Leli de quien en realidad es amiga, lo que se dice amiga, es de ella mismita, aunque también es amiga de Chonchi, pero más subsidiaria. Lo más curioso es que Chonchi lo tiene igual de claro, pero a la inversa. Y en ambos casos, por supuesto, de manera implícita, no declarada.

A Leli, sin embargo, lo del escalafón en cuestiones de amistad le sigue pareciendo una ridiculez. En cuanto a la antigüedad en el cargo... además de una gilipolluá, lo cierto es que Leli conoció a Katy y a Chonchi en la misma fiesta y en el intervalo de un par de minutos, por lo que le resulta imposible recordar cuál de las dos fue la primera en la meta, ni si hubo foto *finish* en los besitos reglamentarios.

A Leli le gusta más el estilo Reyes Católicos de «tanto monta-monta tanto» y le pone un poquito del hígado esa especie de confrontación trilateral sobreentendida, en la que ella misma se ha convertido en el trofeo de guerra; un trofeo de guerra de dos maniáticas del «¡pero yo más!».

Katy y Leli se encontraron después de aquel verano.

—¡Leli, chica, estás preciosa, qué maravilla, cómo te ha sentado el verano!

—Yo también te veo fenomenal.

—Cómo me gusta verte así, tan delgada. De verdad que es una sorpresa.

Una de mosqueo, porque a Katy, que es lo que se llama un saquito de huesos finos, jamás le ha parecido delgada prójima alguna. Además, a Leli le consta que está en el mismo peso que cuando empezó el verano, por lo que empieza a sospechar que la referencia a la delgadez pudiera ser una indirecta del tipo «al revés te lo digo para que me entiendas».

—Yo creo que estás tan sorprendida porque seguramente esperabas verme hecha un tonel...

—Sí...

Aunque el gesto de instinto asesino de Leli se corrige sobre la marcha.

—Que sí, que te lo digo de verdad. O sea, que sí, que estoy sorprendida... lo que pasa es que ayer estuve con Chonchi, que me dijo que ya os habíais visto y... bueno, ya sabes cómo es ella...

La indirecta parece aclarada. A quien tiene que asesinar Leli es a Chonchi, «que tiene narices la mosquita muerta, porque no sé de qué va la tía gorda, que ella sí que está como un león marino...».

—Así que Chonchi te ha dicho...

—No, perdona, Chonchi no me ha dicho nada, absolutamente nada... por eso estoy tan sorprendida, que con lo bien que estás no se haya fijado o no me haya comentado algo.

Jugada maestra, porque Leli puede pensar que en realidad el pecado de Chonchi no ha sido de omisión, sino que probablemente hizo algún comentario desagradable sobre ella que Katy, ingenuamente, ha estado a punto de soltar, pero como es tan buena y generosa ha conseguido arreglar a trancas y barrancas.

En esto, Katy estrecha aún más el cerco:

—Claro que, bien mirado, no debería sorprenderme. En cierto modo, si lo analizas, es lógico que la pobre te tenga un poco de envidia, como me la tiene a mí... envidia sana, entiéndeme, la envidia es humana. Después de todo, en el caso de Rechonchi...

—¿Cómo la has llamado?

—Rechonchi... como está un poquito así... es como lo de Cela, que en un libro, a una pilingui muy bajita muy bajita, dice que la llamaban liliputa. Pero vamos, que lo de Rechonchi se lo llamamos sólo entre nosotras las más amigas, jamás delante de nadie. Además, no te hagas de nuevas, que tú también... alguna vez...

Y Leli piensa que en realidad, ella no... aunque hace un momento la ha llamado tía gorda para sus adentros en un momento de ofuscación. Aunque, es absurdo, porque Chonchi está francamente bien, con sus atributos y sus curvas y su todo, pero sin pasarse. Vamos, más o menos como ella... y así se lo dice a Katy.

—¡Vamos, tú estás majareta, Leli, qué exageración y qué burrada! De Chonchi salen tres como tú... además, qué tontería. No merece la pena hablar de ello...

De pronto, Katy se pone muy seria y dice:

—Mira, tú sabes que... nadie, y cuando digo nadie quiero decir *naaaadie*, nadie quiere a Chonchi más que yo, pero tengo que reconocer que...

Y adquirida la bula del «nadie la quiere como yo», Katy se pasó la tarde poniendo a caer de un burro a Chonchi e insinuando una y otra vez que Chonchi pone de vuelta y media a Leli. Para redondear la faena y curarse en salud, trata de asegurarse la complicidad:

—Yo, estas cosas te las cuento a ti, porque sé que se te pueden contar, pero, vamos, ¡a ti y a nadie más!

Lo que ocurre es que la pobre Leli se pasa la vida entre dos fuegos, ya que Chonchi actúa casi como un calco respecto a Katy:

—Oye, Leli, ¿qué sabes de Fideíto?

—¿De quién?

—De Rosarito, mujer.

—Perdona, pero de verdad es que no sé de quién me hablas.

—Por favor, pues quién va a ser... Katy, Fideíto, porque es un fideíto total de la muerte.

—Ya, ¿y Rosarito?

—También Katy, ¿es que estás tonta o te lo quieres hacer conmigo?... todo el mundo lo sabe: Rosario, por la novia de Popeye, que está como una tabla, como está Katy.

Y mi amiga Leli, que sabe de muchas cosas y entre esas cosas está el cómic, le replica:

—Pues ahí te equivocas con el mote, porque se trata de una traducción absurda y caprichosa al español. La novia de Popeye, desde que la creó el dibujante Segar, se llama Olive Oil, o sea, aceite de oliva o, en todo caso, Olivia.

—Vale, pues para ti la perra gorda. Ya le has encasquetado otro mote. Por si tenía poco con Fideíto y Rosario, ahora vas tú y la llamas Olivia, como la Newton John.

Así son las cosas. Leli —y por extensión cualquiera de nosotras, sin comerlo ni beberlo— se encuentra de pronto motejando a sus amigas.

De esta forma, las Katys y las Chonchis, por separado, te van poniendo de los nervios y minándote la moral. Aunque cuando las juntas es peor, porque estás con el alma suspendida de un hilo, en el pánico de que se te pueda escapar lo de Rechonchi o lo de Olivia, al tiempo que intentas recordar lo que te hayan contado la una de la otra para no soltarlo sin querer. Total, que la cosa se convierte en un sinvivir en ti misma que te lleva al borde del agotamiento nervioso. Y tantísimo más cuando constatas que las dos están ya medio mosqueadas y peladas por tu causa, que no por tu culpa.

Llegadas a este punto, no hay más remedio que proceder a la maniobra de reequilibrio trilateral utilizando la única estrategia posible.

Leli, harta ya de estar harta ya se cansó[4] y decidió reunir a Katy y a Chonchi para proceder a una terapia de grupo lacaniano-bonaerense.

En un emotivo discurso, les aseguró que a las dos las quería mucho y que las tres habían de ser excelentes amigas y que para disipar cualquier nubecilla perturbadora de la futura superferolítica amistad, lo mejor sería aclarar las diferencias y malentendidos de aquella relación a tres bandas.

Con decisión y serenidad, Leli insistió varias veces en que había que dejarse de Rechonchis y Olivias, porque aunque estaba claro que se trataba de bromitas sin la más mínima mala intención, a lo peor, inadvertidamente, podían herir susceptibilidades y tal. También les planteó algunas de las muchísimas historietas que ambas le habían chismorreado confidencialmente. Se trata, les dijo por último, de sacar todos aquellos trapos sucios para hacer con ellos una pira purificadora, un borrón y una cuenta nueva.

---

[4] Canturreado a la manera de Serrat en el original y en todos los ejemplares de esta edición, salvo errata de imprenta.

La verdad es que, conociéndola como la conozco, aunque no estuve de cuerpo presente en la reunión, estoy segura de que su exposición fue brillante, la argumentación sólida, sutil y convincente... ¡Creo que se pusieron como mandriles en celo!, ¡un cabreo monumental!

Leli me contó que las dos le gritaron como energúmenas y le dijeron en mal tono que qué barbaridad, que cómo era capaz de pagar así el cariño que habían depositado en ella. Luego le afearon su conducta en lo de los motes, porque había que tener mal gusto para dedicarse a ponerle motes a sus amigas, que eso sólo lo podía hacer alguien muy miserable y muy hijo de su madre.

Luego le preguntaron que quién se creía que era ella, que de qué iba y que cuál era su rollo y que por qué no iba a su bola y dejaba de joder a las «personas humanas» propiamente dichas... Que si no se había mirado al espejo a la hora de poner motes, porque ellas también podían ponérselos y se iba a enterar, porque de ingenio no estaba sobrada, y en cambio ellas...

—Porque no sé si sabes que por ahí hay quien te llama la «Moro Muza» y yo no les he reído nunca la gracia... que la tiene.

—A lo mejor también te suena lo de «Papanatas», que sé de quien te lo llama por la gallina aquella que aprendió a nadar para que se la tiraran los patos.

Ambas se lamentaron de la forma ignominiosa en la que las había engañado y la acusaron de tener un carácter horrible por su desmedida afición a los licores fuertes. También la acusaron de:

—¡Ludópata!

—¡Clitoridiana!

—¡Cleptómana!

—¡Zurda!

—¡Melómana!

Al menos en eso último Leli les tuvo que dar la razón.

La llamaron egoísta, insensible, neurasténica y currutaca. Se fueron dando un portazo y no le han vuelto a hablar en jamás de los jamases.

La cosa fue un poquito violenta, pero, en el fondo, no pudo terminar mejor. Leli hizo una buena obra de esas que se recuerdan a lo largo de toda la vida: volver a unir con estrechos y fraternos lazos la amistad de dos amigas de la infancia, que a todas luces estaba a punto de irse al garete. Al mismo tiempo, se libró de una vez por todas del insoportable agobio de aquellas dos tías peñazos.

Con Leli hablo con frecuencia y de tanto en tanto nos reunimos para tomar un buen vaso de vino y hacernos unas risas. De Chonchi y Katy, lo último que he sabido es que se han hecho íntimas amigas de una conocida mía, una tal Cuqui que, por cierto, últimamente la veo desmejoradísima a la pobre.

Oh, la menopausia

«Se ha dicho que la vida de la mujer es una especie de gran y perpetua enfermedad. La primera enfermedad es la regla, luego el embarazo, el parto, para acabar en la menopausia. Una gran enfermedad en la que el sexo resulta una especie de origen de ese castigo de la enfermedad perpetua. Ésta es la postura culturalmente más tradicional, pero perfectamente reaccionaria. No obstante, la menopausia debería ser una etapa de la vida de la mujer en que, liberada del temor al embarazo no deseado, expresara su sexualidad con la espontaneidad que en otros momentos de su vida quizá no pudo.»

SANTIAGO DEXEUS

Hace poco quedé, en casa de unos amigos comunes, con África, una amiguita de la infancia a la que no veía desde bastantes años atrás. Habíamos ido juntas al colegio y también juntas habíamos vivido la experiencia de la primera regla, el primer noviete del rosa al amarillo, el primer mareo mortal tras la primera calada al primer pitillo, el primer sujetador que era una risa total... Llegué a la cita ilusionada por verla de nuevo, por saber qué había sido de su vida en el detalle que no se alcanza con la comunicación telefónica, tampoco demasiado frecuente.

La encontré fenomenal: buen tipo, bonito corte de pelo, arreglada con gusto... sólo un punto de mal disimulada tristeza, cuyo motivo no tardé en descubrir. En un aparte, mientras nuestros amigos se afanaban en preparar algo de merienda en la cocina, África cogió con ansiedad mis manos y me dijo:

—He alcanzado el climaterio.

Así de solemne. Más o menos como si hubiera alcanzado el Pico Veleta o el Monte del Olvido. La verdad es que la chica siempre había sido un poquito cursi, pero lo del climaterio me pareció algo excesivo:

—Mujer, eso ya no tiene la menor importancia. Además, la menopausia es cosa de mujeres.

—Perdona, chata, pero eso es como decir que ser maricón es cosa de hombres.

No. Pues después del ejemplito estaba claro que lo del climaterio no lo decía por cursi, sino por pacata y pasada de moda. Me costaba creer que... así que le dije:

—Chica, no te entiendo.

—¿Que no me entiendes? Pues la verdad es que yo no sé cómo afrontarlo. Creo que me van a faltar fuerzas para sobrevivir al climaterio.

La experiencia, tanto propia como ajena, indica que hoy en día sobrevivir a la menopausia es una de las cosas más sencillas y elementales para una mujer de estos tiempos.

Sobre todo desde que, en paralelo al incremento de la cultura sexual-reproductora de las féminas españolas, se han ido descubriendo y poniendo en el mercado sustancias de fácil aplicación destinadas a la Terapia Hormonal Sustitutiva (THS).

Hasta que esta conjunción planetaria se produjo, muchas mujeres vivían con verdadero espanto la inminencia de ese momento en el que los ovarios dejan de funcionar y que da paso a la llamada menopausia. Y hay que reconocer que, aunque los temores fueran exagerados, la sudoración nocturna, los sofocos en las situaciones más imprevisibles, la sequedad vaginal, la incontinencia urinaria, la depre, las palpitaciones, las cefaleas, la irritabilidad y el insomnio, de una realidad incuestionable, eran un latazo de tomo y lomo.

Socialmente, además, la mujer ha tenido que apechugar con la triste realidad de la doble vara a la hora de medir los efectos del paso de los años en varones y féminas. El señorito a tercipopelo ajado, con arrugas y canas, tanto en su versión ajamonada como en la amojamada, era, para buena parte de la sociedad, un «hombre maduro» y, por añadidura supuestamente lógica, interesante; la dama, en similares circunstancias, se convertía en una desfondada «foca-vacaburra».

A eso se añadía el mito oscurantista del final de un proyecto vital que acongojaba a las mujeres, al considerar que ya habían dejado de ser tales para convertirse en un residual subproducto de la naturaleza humana.

Aquello venía, como es lógico, de la moral que los leídos llaman «judeo-cristiana». Una moral que pone por encima de todos los valores de la mujer su capacidad potencial para reproducir la especie, en estricta obediencia al mandato bíblico «creced y multiplicaos». Una moral que, además, conseguía mezclar, en extraño revoltijo conceptual, el sexo con el embarazo, el parto, posparto, puerperio...

«He dejado de ser mujer», iban y decían ellas cabizbundas y meditabajas, cuando llegaba al pretendidamente fatídico momento. Como si la mejor esencia del ser mujer consistiera sólo en ser expendedora autónoma de óvulos, lo que llevado hasta sus últimas consecuencias equivaldría a ponerse en el mismo lugar que la gallina de corral, que cuando deja de poner huevos hay que cortarle el pescuezo y echarla a la cazuela.

La guinda de aquel estado de opinión era el uso del vocablo como un insulto:

—¿Ésa?, ésa está menopáusica... no hay que pedirle peras al olmo.

—Anda, anda, cállate que eres una menopáusica que no sabes lo que dices.

Hoy las cosas han cambiado mucho, pero si le echamos un vistazo a las estadísticas y miramos alrededor, la verdad es que la cosa no está aún para empezar a tirar cohetes.

Resulta que todavía hay mujeres que se desmoralizan y creen haber llegado a una etapa de tránsito hacia el desenlace fatal, en la que la única alternativa es la simple resignación. Y también resulta que los datos indican que, en España, tan sólo el 5 por ciento de las mujeres en edad climatérica (que diría mi amiga África) usan THS, frente a, por ejemplo, un 40 por ciento en Norteamérica.

Y si la cosa se pone en cifras absolutas, hay que echarse, si no a temblar, por lo menos a pensar, porque en el año 2000, es decir, ya, vamos a ser unos diez millones las españolas en edad menopáusica... ¿Quién da la vez?

Para sobrevivir estupendamente y con plenas garantías a la menopausia, una mujer debe utilizar dos estrategias fundamentales, o, mejor dicho, una estrategia en dos etapas. La primera consiste en mentalizarse bien mentalizada de que lo que empieza a partir de ese momento tiene considerables ventajas y atractivos respecto a lo anterior. La segunda, inseparable de la primera, se concreta en el inicio, de inmediato y bajo supervisión médica, de la THS. Por último, y ya para las que opten a nota, no deja de tener su interés considerar al menos la posibilidad de hacerse donante de orina... ¿Que por qué?, pues porque las menopáusicas producen una hormona que puede solucionar los problemas de infertilidad de otras mujeres en edad paradójicamente fértil.

La primera consideración que una menopáusica debe hacerse es que, tal y como están las cosas —y las cosas son que la esperanza de vida de una mujer se acerca ya a los ochenta años—, la etapa no reproductiva que se abre representa nada menos que un tercio de su vida. Pensar que el 33,33 por ciento de la existencia se la puede pasar una en un encogimiento no cabe en cabeza humana.

La segunda es que hay que convencerse de que si se pierde en esbeltez o tersura de la piel, se gana a espuertas en experiencia, encanto y *glamour*. En tiempos no muy lejanos, una mujer entraba a los cuarenta en el arrabal de senectud (que diría Jorge Manrique), en el triste otoño de su vida. Hoy, donde entra es en sazón de fruto maduro al fin, dulce, jugoso y pletórico de magia.

Y descendiendo a lo más prosaico, es también momento en el que se concluyen las responsabilidades y obligaciones más ineludibles respecto a la prole, se acaban de pagar las hipotecas y los plazos de toda índole, se dispone de más tiempo en general... El ponerse en posición en la parrilla de salida para la carrera del disfrute pleno de la vida es casi una obligación para la mujer menopáusica.

Y manos a la obra, además de la inexcusable visita al ginecólogo y la reflexión antedicha, resulta de ayuda inestimable contar con una amiga con experiencia positiva en el asunto.

—Chica, estoy hundida. No sé qué voy a hacer a partir de ahora.

—¿Que no sabes qué hacer a partir de ahora?, pues haz lo que yo: vivir muy tranquila y pasarlo del copón románico en la cama... o en el sofá o encima de la lavadora, que, entre nosotras y sin que salga de esta Comunidad Autónoma, no te imaginas lo que es hacerlo sobre un centrifugado enloquecido.

—No me puedo creer que hables en serio.

—Completamente. ¿Tú sabes lo que es pasar olímpicamente de las calendas purpúreas?

—¿Qué son las calendas purpúreas?

—Una de tantas cachondadas de don Francisco de Quevedo para designar la regla.

—Ya, pero...

—Pero, ¿qué? Pasar de jaquequitas, de compresas, de píldoras, de *dius*, de angustias y pálpitos provocados por torpes maniobras varoniles coitointerruptas... eso no tiene precio. A mí me ha rejuvenecido. Por fin puedo disfrutar del sexo... ¡por fin soy libre!

—Mujer, más libre que con las compresas ultra finas, superabsorbentes, de varias capas y con alitas... de verdad que me cuesta creerlo.

—Eso son memeces de la publicidad. La mejor compresa es la no-compresa, déjate de historias.

—Ya, pero, ¿qué me dices de los sofocos que me entran de vez en cuando? Además, duermo fatal y hago pis continuamente.

Ahí sí que nos duele a todas y por eso es fundamental ponerse en manos del médico para empezar con la Terapia Hormonal Sustitutiva o THS. Los estrógenos se pueden administrar por vía oral, transdérmica, percutánea, intramuscular o vaginal, ¿hay quién dé más?

La THS hay que iniciarla en cuanto cesan las reglas o incluso cuando se notan los primeros síntomas de perimenopausia, como consecuencia de un descenso de estrógenos.

En cuanto a la duración, hay opiniones, desde un mínimo de cinco años hasta de por vida, con el fiel de la balanza en diez años. Siempre, evidentemente, siguiendo instrucciones del experto.

De lo que no hay duda es de que este tratamiento hace desaparecer los sofocos y sudores nocturnos; elimina la sequedad vaginal, lo que reduce el riesgo de infecciones, y mejora la relación sexual; ataja la incontinencia urinaria al normalizar la función gracias a que aumenta el grosor de la mucosa urovaginal; previene la osteoporosis y la pérdida de masa ósea; reduce significativamente el riesgo de padecer enfermedades cardiovasculares como el infarto; previene el envejecimiento al evitar la sequedad y el adelgazamiento de la piel. Por si todo esto fuera poco, la THS reduce la irritabilidad, la depresión, la ansiedad y el insomnio.

Total que, sin dudarlo, hay que apuntarse al tratamiento y ser rigurosa en el control.

La menopausia, ya digo, es una de las situaciones más gozosas y atractivas en la vida de una mujer. Además, ya dije también, le ofrece la oportunidad de convertirse en ciudadana solidaria, para contribuir, de manera directa y eficaz, a la felicidad de otras mujeres que sin su ayuda no podrían alcanzar la meta de tener un hijo de forma natural. La orina de la mujer menopáusica es rica en la hormona de la fertilidad, debido a que el organismo, al dejar de funcionar los ovarios, intenta ponerlos de nuevo en marcha. Al tratarse, como es lógico, de una tarea imposible, todo ese superávit de hormona se elimina por medio de la orina. Lo que hacen los científicos es recoger la orina de la mujer menopáusica, extraer la hormona y purificarla para suministrársela a cualquier mujer que sea infértil precisamente por esa deficiencia.

A mí, esta historia me apasiona desde que la conocí y por eso siempre he querido saber algo más sobre el tema. Así que le pregunté a mi amigo Almodóvar: «La inducción de la ovulación se consigue mediante la utilización de gonadotropinas, que son las hormonas hipofisarias, moduladas por el LHRH hipotalámico, imprescindibles para estimular el ovario. Inicialmente, el producto utilizado en los tratamientos de fertilidad, que se denomina HMG, era una mezcla de LH y FSH a partes iguales, con acción fundamental FSH, pero posteriormente se puso a punto un método para obtener FSH pura.»

Y se quedó más ancho que largo. No le di una bofetada porque le aprecio, pero es que cuando se me pone pedante y sapientín me dan ganas de acogotarle.

—Por cierto, ¿tú qué opinas sobre la menopausia?

—Bueno... históricamente, la menopausia es un fenómeno indisociable de la condición femenina y del papel que la mujer ha ocupado en las sociedades complejas. La exaltación de lo femenino ha estado siempre ligada al periodo reproductivo. Todas las culturas antiguas poseen una abundante simbología, muchas veces de carácter sagrado, que hace referencia a la fecundidad. Así, aparecen como una constante en el tiempo y en el espacio las llamadas «Venus», de grandes caderas y senos protuberantes. Ahí están, por ejemplo, la diosa celta de la creación, Sheela-Nagig, la «Vulva divina» de la cultura hindú o la estatua de pechos cargados de Costa de Marfil.

—Te he preguntado qué opinas tú de la menopausia y como no me contestes inmediatamente, te secciono la yugular.

—Pues opino que todavía hay que echar abajo muchos mitos, dejando claro, por encima de todo, que la menopausia no es una enfermedad, sino un tiempo de cambio y que como en este mundo todo son mudanzas y tumbos, hay que tomárselo como viene y sacándole el mejor partido... que puede ser mucho. Muchísimo.

Ahí le duele. Sí, señor.

III

Ganarás el pan...

Jefes mamonazos y otras variedades

Decir jefe mamón equivale a decir matrimonio de casados, subir arriba, muy óptimo, erario público, autosuicidio, bajar abajo, pareja de dos... En definitiva, lisas, llanas y vulgares redundancias, porque el jefe, a los ojos del subordinado y por definición, es siempre un mamón.

Por mucho que el jefe intente humanizarse, ponerse a la altura de las circunstancias, y borrar el estigma de la jefatura, el que está a sus órdenes siempre le verá como al mamón del jefe.

Y eso no es malo. Es, sencillamente, la regla del juego.

Porque se da incluso el caso de que algunos, cuando tratan de arreglar la cosa, la jorstispician todavía

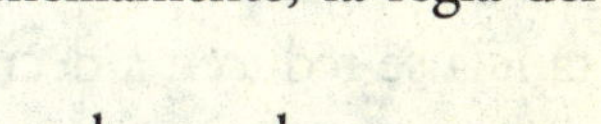

más, como uno que yo me sé, que te llamaba a su despacho y después de tenerte un ratito a pie firme mientras él miraba papeles y ponía notas por doquier, levantaba la cabeza y te decía: «Manoli, no quiero que vea en mí a un jefe... simplemente a un ser superior.» Como decía mi tía Eufemia: «P'a que te vayas con los soldaos.»

Creo que eso lo aprendió leyendo una biografía del rey Felipe II, quien recibía a sus vasallos sentado en el salón del trono o en cualquier otro cómodo sitial para, durante un buen rato, mantenerlos en pie sin darles una señal en sentido alguno. Como el protocolo impedía dirigirse a su majestad antes de que éste lo hiciera previamente, la situación, a los pocos minutos, debía hacerse como que muy violenta para el pobre vasallo de marras. Cuentan que el rey católico y escurialense los mantenía a pie firme y sin dirigirles una palabra hasta que empezaban a sudar copiosamente por efecto de la tensión. Entonces, sólo entonces, se dirigía a ellos y les decía solemne y enigmático: «Sosegaos.»

Soportar a un jefe mamón típico-tópico es muy sencillo y está al alcance de la inmensa mayoría. Por tanto no nos entretendremos aquí en explicar estrategias de supervivencia que cualquiera puede aprender en segundo de guardería y que en última instancia se reducen a decirle al *boss*, en distintos tonos desganados: «Que sííí, jeeefe, que bueeeeeno, que vaaaaaale, que lo que usted diiiiiga.»

Lo que aquí viene al caso no es el jefe mamón por decir algo, sino el mamón fetén de verdad de la buena. Porque, como en todo, y más en la viña del Señor, que es extensa y variopinta, hay categorías y clases. Y no es raro que a una le toque tener que soportar carros y carretas de un jefe que con toda justicia recibe las denominaciones de mamón-mamón, mamón-tela-marinera y mamón delalechequeledieron, pero que nosotros, para resumir y entendernos, vamos a llamar simplemente mamonazo, que es más cortito y manejable.

Soportar a medio-largo plazo y, en definitiva, sobrevivir con cierta dignidad a un jefe mamonazo sí que es tarea harto complicada.

Además, esta especie está dividida en cuatro subcategorías, lo que obliga a adiestrarse en diferentes estrategias según el jefe esté adscrito a una u otra de ellas.

Claro, que conviene aclarar que en todos los casos se da un rasgo común en los jefes mamonazos, cual es la utilización de lo que los especialistas y conocedores llaman «la técnica del champiñón». La susodicha técnica consiste en tratar a los empleados como si se tratara del cultivo de los simpáticos hongos, aplicando la máxima: «Manténlos en la oscuridad y aliméntalos con basura.» O sea, poca información para que, al menos de cuando en cuando, el inadvertido empleado la defeque y al mismo tiempo garantice el poder tradicional del guru mamonazo en tanto que poseedor de la fórmula mágica, de la pócima milagrosa, de la clave de apertura del mecanismo, del abracadabra de la empresa.

El jefe mamonazo, como digo, puede manifestarse en cuatro distintos pelajes, que son: el disciplinante inglés, caracterizado por una mala uva depuradísima que haría palidecer al mismísimo marqués de Sade; el paranoide, con complejos y manías persecutorias, siempre amenazado por misteriosas intrigas que sólo existen en su cabezota; el doña Angustias, a quien se le viene el mundo encima por infinitos problemas personales y a la primera de cambio, con lo cual la paga siempre con el subalterno de turno; y el *mister sandwich*, que recibe presiones de los de arriba para que él presione a los que tiene debajo.

El mamonazo disciplinante inglés es un sádico de enciclopedia, de los que gozan viendo sufrir al prójimo, sobre todo si el prójimo depende laboralmente de él.

—Gutiérrez, ¿en serio que usted considera este absurdo amasijo de frases incoherentes un informe?

La pregunta la hace en pie, con voz atronadora y bien timbrada, justo en medio del espacio diáfano donde trabajan los cinco jóvenes abogados del bufete. Gutiérrez se siente morir. Entre otras cosas porque es el único que todavía está anclado en lo del contrato basura.

—Bueno, usted me dijo...

—Yo no le dije «bueno». Creo recordar que le dije Gutiérrez, y a continuación le pedí que me hiciera un informe. Parece que no entendió ni lo de Gutiérrez ni lo del informe.

En ese momento suenan las primeras risas nerviosas de un par de pelotas de mierda, al tiempo que el mamonazo le pasa el informe a uno de los que con más fuerza le ha reído la gracia:

—Alberto, con toda sinceridad, dígame si considera que esto es un informe en condiciones.

El tal Alberto pasa su mirada socarrona por el mazo de papeles con la misma displicencia que el mayordomo del algodón por los azulejos del baño y responde con la mejor de sus sonrisas:

—No, la verdad es que no.

—Pues entonces, parece evidente que ha llegado el momento de archivarlo y la pregunta es... ¿dónde se archiva este tipo de patéticos despropósitos?

—¿En la papelera?

—Efectivamente, premio para el caballero: en la maldita papelera.

Y dicho y hecho, lo arroja inmisericorde a la papelera, procurando que el mazo de papel golpee en el borde y se produzca un bonito desparrame de folios.

Uno de los comportamientos habituales del jefe mamonazo modelo disciplinante inglés consiste en alternar sabiamente el sadismo entre sus huestes. Así consigue que todos se conviertan en auténticos miserables que sufren resignadamente cuando les toca y gozan cuando es otro el agraviado.

—Tengo que decirles a todos ustedes que la empresa se está planteando una regulación de empleo y, como es lógico, me ha pedido que vaya adelantando una lista de empleados de los que se podría prescindir sin demasiados problemas... en ustedes está.

Los más perros buscarán la oportunidad de encontrarse con el jefe en el *pub* de la esquina, de invitarle al chalet con piscina de Rascalaspeñas o de hacerle llegar el mensaje de solidaridad, cariño y respeto más baboso y ruin que imaginarse pueda.

La insolidaridad y el raquitismo mental a las finas hierbas es el caldo de cultivo en el que se alimenta esta especie de jefe mamonazo y, con toda lógica, la mejor táctica de supervivencia ante el bicho es empezar negándole el sustento.

—Pues francamente, jefe, he leído con atención el informe de Gutiérrez y me ha parecido acojonante.

—Acojonante, ¿en qué sentido?

—En el sentido de que se ve que se lo ha currado, que está enfocado con tino, que apunta opciones factibles para resolver el asunto, que está clarito y bien presentado, que, ¿cómo le diría yo?, que está acojonantemente bien hecho, vamos.

Otra táctica válida y a veces eficaz consiste en que el objeto de su sadismo proceda a vacilarle *ad infinitum*, fingiendo sumisión y deseos de aprender:

—Quiero aprender a hacer informes como los que usted hace, aunque me consta que no será fácil.

—Menos cachondeo.

—¿Cachondeo? Yo soy una persona insegura que necesita que alguien le guíe por el recto camino ¡Un maestro!, eso es lo que yo necesito. Como el pequeño saltamontes, como la cieguecita de *La casa de la pradera*, como el hermano autista de *Rain man*.

Por lo que se refiere a la subespecie mamonazo paranoide, su característica principal es la manía persecutoria laboral. En definitiva, el mamonazo paranoide siente amenazado su estatus profesional permanentemente, y por ello considera sospechoso a todo hijo/a de vecino/a de ofi, taller, almacén, gran superficie o multinacional con cotización en la Bolsa de Nueva York. Le da lo mismo que sea el subdirector general de Recursos Humanos que el chico de los recados (donde queden). Para él, el enemigo es un concepto tan amplio como la mar océana.

—Vallandares, ¿por qué le ha dado usted al gerente el listado de sucursales de la empresa?

—Pues... porque me lo pidió.

—Ah, porque se lo pidió... la excusa no puede ser más ridícula. ¿Es que si yo le pido la luna, me da usted la luna?

—No, pero es que el listado no es la luna... mejorando lo presente...

—Sea lo que sea, lo que sale de esta sección tiene que pasar por mí o ¿es que no sabe que su jefe directo soy yo?

—Sí, pero como usted estaba de vacaciones y al gerente le corría prisa...

—¡Ni prisa ni leches!

Otra de sus obsesiones es que nadie de su entorno tenga la oportunidad de prosperar en el trabajo, y por ello pone todas las trabas posibles a la asistencia de sus empleados a cursos o seminarios de reciclaje.

—¿Y a usted qué le importa lo del Euro?

—Jefe... no sé, me parece fundamental ir conociendo los mecanismos y la legislación... sobre todo en esta empresa que vende en toda Europa...

—Comed en Polonia, bebed en Hungría, dormid en Alemania y haced el amor en Italia.

—¿ ?

—Es un aforismo polaco.

—¿Y eso a qué viene?

—Pues viene a que no quiero que pierda el tiempo en cursitos o en seminarios que no sirven más que para marear la perdiz y dejar de hacer cosas verdaderamente útiles para la empresa.

—¿Y le parece poco útil para la empresa que los empleados nos formemos mejor, nos actualicemos o nos reciclemos de vez en cuando?

—Yo sé perfectamente lo que es bueno y lo que no es bueno para la empresa. Además, el reciclaje no es cosa de «personas humanas», sino de plásticos y de latas y de cartones y de...

—No siga, déjelo.

Al jefe paranoide hay que infundirle confianza constantemente. En definitiva, hay que tratar, por todos los medios, de que le quede claro-superclaro-clarísimo que uno/a no es competencia y que en modo alguno aspira al negociado de asuntos generales.

—Jefe, ¿le podría contar una cosa personal?

—Dígame.

—¿Sabe lo que me gustaría a mí ser en la vida?

—¿ ?

—Antropólogo cultural.

—¿Y eso qué es?

—Pues uno de esos investigadores que se van hasta la Melanesia o la Polinesia para averiguar por qué allí no hay tabúes sexuales.

El jefe mamonazo, por muy paranoide y asilvestrado que esté, se da cuenta de que ni la Melanesia ni la Polinesia son secciones, áreas de competencia o departamentos dentro de la empresa, lo cual es un inmediato lenitivo para su manía persecutoria. Pero aún duda, porque a lo peor la cosa no es tan sencilla.

—Ya, ¿y si eso de antropólogo cultural no pudiera ser, por lo que fuera?

—Pues entonces... me gustaría ser o sor Citroën o el padre Apeles o la monja alférez. Una de las tres cosas... o la misma trinidad, dicho sea con todos los respetos.

Con esas presuntas miras profesionales lo normal es que el mamonazo paranoide se quede más tranquilo y no vuelva a caer sobre su víctima en un periodo razonable de tiempo.

Con este especimen también hay que cuidar mucho el comentario displicente a terceros, porque de los terceros te libre Dios, que de los primeros te libras tú, excepto que los primeros reciban el soplo de los terceros y entonces la hemos fornicado, tía Paca.

—Me he enterado de que anda usted por ahí comentando que soy como una liebre de canódromo, ¿qué quiere decir con eso?

—Pues que usted es muy... dinámico, muy... rápido, es decir, que no hay quien le pille.

—No cuela.

—Pues que a usted no hay quien le eche un galgo.

—Tampoco cuela.

El ejemplar coloquialmente llamado «doña Angustias» es un mamonazo acosado por problemas personales, que desahoga sus frustraciones dándole la vara al empleado bajo su jurisdicción y mando.

En general, proyectan constantemente sus miserias vitales sobre sus subordinados y dan frecuentes órdenes sin pies ni cabeza. Entre otras razones porque esta última no la suelen tener ya para nada de nada.

—Charito, haga el favor de llamar a mi casa y le dice a mi señora que es una guarra y una pelandusca, que maldigo la hora en que la conocí, que cómo me la vendió de bien su puñetera madre, contándome aquello de que sabía hacer los canelones de fresa...

—Perdone que le interrumpa, pero, ¿no sería mejor que le comunicara a su esposa que, quizá y si se lían las cosas, va a llegar un poquitín tarde a casa?

—Sí, probablemente sea lo mejor.

Dentro de la caterva de jefes mamonazos, éste es quizá el más manejable, si se le habla con tranquilidad y se dedica un poco de tiempo a la terapia (siempre dentro de las horas de trabajo y siguiendo la máxima de la maritornes aquella que decía «El señorito sabrá, pero yo mientras ñaca-ñaca... no barro»).

— Chari... Charito... no es que yo quiera meterme en temas personales, pero esa foto que tiene sobre la mesa no es del mismo joven que... el de...

—¿El de antes? No el de antes se *gone with the wind.*

—¿Cómo?

—Que se fue con el viento, como en la peli de Escarlata de Tara.

—Querrá decir O'Hara.

—Bueno de O'Hara o de Tara, que el tío con el que estaba se acabó y que se fue... con el viento fresco. Éste es mi nuevo rollo, ¿le gusta?

—Ni me gusta ni me disgusta... no creo que tener «rollos», como usted dice, beneficie en nada su rendimiento laboral.

—No, quizá no, pero tampoco creo que lo vaya a perjudicar. Vamos... digo yo.

—La promiscuidad sexual hace que se pierda concentración en las tareas.

—Para empezar, no me parece de recibo el comentario de la promiscuidad sexual, porque a ver si confundimos el polvo del marco de la foto con otros polvos y otros lodos de... y, además, créame que yo no tengo la culpa de que haga un siglo que usted no se come ni un colín en ese tema...

—¡Oiga, un respeto!

—Mire, jefe, empiece por respetarme usted a mí y seguro que acabamos enseguidita.

La última categoría es la que recibe el nombre de *mister sandwich,* por su situación en el esquema de la empresa: los jefes le dan la vara y él se la aplica a los que tiene a sus órdenes. Nunca piensa si lo que le han dicho (o él ha creído entender que le han dicho) tiene algún sentido o es una gilipollez pura y dura, así que se aplica a tareas disparatadas sin el menor rubor ni previa reflexión.

Una de las constantes en estos engendros es la vigilancia exhaustiva del empleado para que no malgaste los recursos de la empresa.

—Encarna, he tenido conocimiento de que en lo que va de mes ya ha pedido dos bolígrafos en almacén...

— ¿Ah, sí? Pues no...

—¿Cómo que «ah sí, pues no...»? Si los empleados de esta empresa dilapidan en gastos superfluos de material no inventariable las regalías obtenidas tras ímprobos esfuerzos por nuestros superiores, ¿hacia dónde va el proyecto de futuro, eh, hacia dónde va?

—Jefe, no me parta el alma por un puñetero boli... lo pago yo de mi bolsillo si es necesario.

—Encima con chulerías, ¿qué pasa, que es rica por su casa o que su marido gana mucho y usted trabaja aquí exclusivamente para darse caprichitos?

—Le rogaría que no se metiera en mi vida personal.

—No, en la suya no, sino en la de miles de honrados padres de familia que no tienen la oportunidad de encontrar un puesto de trabajo y tienen que pedir en el metro, porque es mejor pedir que robar, mientras usted viene aquí a entretenerse y a gastar bolígrafos a lo tonto.

—Además de que me está empezando a ofender muy seriamente, creo deducir de sus palabras un mensaje machista que estoy dispuesta a denunciar al Comité de Empresa, al Instituto de la Mujer y a la Organización Internacional del Trabajo, si llega el caso.

—Yo... es que yo tengo la responsabilidad de racionalizar y reducir gastos porque así se me ha pedido desde instancias superiores.

—Pero una cosa es que usted se ocupe de reducir gastos superfluos en la empresa, si es que los hay, y otra bien distinta es que me venga a tocar los ovarios.

—Ya... visto así...

Ésta es la actitud ante el jefe sandwich: leña al mono que es de trapo y no pasarle ni media, porque a la que te arrugas un poco se te suben en la chepa y hasta ahí podíamos llegar.

Pero, en general, esta estrategia es extensible y asimilable a cualquier jefe mamonazo de la subespecie que sea. El subordinado es eso, subordinado, no esclavo ni raza inferior, y ante cualquier atropello lo que debe hacer es denunciar, mantenerse firme y exigir los más elementales derechos.

Claro que para eso es fundamental tener presentes todas las más elementales (y las no tan elementales) obligaciones inherentes al puesto. Para que a una/o le respeten tiene que empezar respetándose a sí misma/o y eso, en el trabajo, significa profesionalidad, rigor y cierto sacrificio, porque nadie regala nada, ni tiene por qué hacerlo. Que la caridad, el respeto, la dignidad... bien entendidas, siempre empiezan por uno mismo.

Amén.

La traición de una compañera de trabajo

La rabia y el rencor viven instalados, durante periodos más o menos extensos, en la mayoría de las almas, porque, ¿quién no ha pasado por la experiencia de un trato inhumano por parte de un superior jerárquico, un timo de variables proporciones desde una institución pública o una mala faena de quien creía un buen amigo?

Los expertos dicen que en este tema de la rabia y el rencor, de lo que escuece en lo más íntimo del corazoncito, también hay diferencias entre hombres y mujeres. Mientras que a ellos lo que más les irrita son las agresiones físicas (aunque sea un empujoncillo de casi nada) o los comentarios referentes a su sexualidad y masculinidad, a nosotras parece que lo que más nos pone en el disparadero son las alusiones a la supuesta promiscuidad femenina, hechas por hombres.

—A ésa se la ha pasado por la piedra hasta el gato.

—Pues anda que esa otra... ésa se tira hasta el suelo.

—Bueno, pues como todas.

Aunque nos cueste creerlo, todavía quedan sueltos machistoides absurdamente bipedestados que dicen aquello de:

—Ésa lo que necesita es un buen quiqui.

—A ésa le quitaba yo las manías con una cosa que yo me sé.

Claro, luego les extraña a ellos que un buen día tú te limites a relatar las cosas tal y como son:

—La experiencia que tuve con éste fue genial... ¿nunca te lo he contado?, pues no sé qué problema tiene, pero para que «funcione» hay que aguantarle un rollo previo sobre la pérdida de Cuba y Filipinas, tipo discurso de Fidel Castro.

—No me digas.

—Sí, hija, sí. Además, que se pone pesadísimo, insistiendo en que la guerra con Cuba fue una guerra civil y no una guerra de liberación.

—Y tú, mientras, ¿qué haces?

—Pues yo darle la razón, asintiendo con la cabeza, y acariciarle, pero flojito y en los brazos, porque si pasas de ahí...

—Lo de siempre.

—Sí, hija, sí, hay que andarse con mucho tiento para que no se vaya de *precox,* porque entonces le tienes que aguantar un rollo de hora y media contándote que es la primera vez que le pasa, que no sabe lo que puede haber ocurrido, que quizá el estrés... total, que te puedes ir pegando un tiro.

—Vamos, que como éste fuera el único varón sobre el planeta habría que cambiarle el nombre a la Tierra.

Y «éste», si por casualidad se entera de la última afirmación, puede inquirir con voz helada:

—Oye, que no sé qué onda me ha llegado... ¿qué nombre le pondrían a la Tierra si yo fuera el único varón?

—Onanilandia.

Pero hechas estas salvedades de género, lo cierto es que en ambos sexos se da una coincidencia:

la rabia, la mala leche, la impotencia afectiva, el dolor, el asco y posterior rencor que produce la traición de un buen amigo; de alguien en quien una confiaba, de alguien por quien, en frase de Sofía Mazagatos, una se ha dejado la piel en el pellejo.

Yo, en esto, les confieso que me llevo la palma, así que sé por experiencia lo que es ponerme de furia, rabia, repugnancia y rencor tan henchida como el muñeco de Michelin.

Sobrevivir a la traición o a la fea feísima jugada de una amiga, no es fácil. Entre otras cosas porque el golpe siempre es tan brutal que te deja grogui durante mucho tiempo. Una, en general, no espera que aquel o aquella a quien ayudamos, a quien tapamos mil y una faltas, a quien tuvimos que defender en su puesto de trabajo frente a los vientos y mareas de todos los que la consideraban una perfecta inútil y una intrigante peligrosa...

—No entiendo cómo tienes de coordinadora a Mariluz.

—Mujer, tú sabrás, pero lo de Mariluz tiene tela.

—¿Sabes lo que comenta a tus espaldas?

—Ten cuidado con Mariluz...

Y, ¿por qué iba yo a tener cuidado con Mariluz, una chica modosita, bajita y rechonchita, aparentemente discreta, que parecía no haber roto un plato en su vida, a la que yo protegía y disculpaba todas sus meteduras de pata porque estaba convencida de que la pobre no daba para más?

—Mariluz, ¿qué ha pasado con la tertulia que teníamos prevista sobre familias monoparentales?

—Pues que te estoy buscando una familia que responda al perfil... pero no la encuentro.

—Que no la encuentras... oye, por cierto, ¿qué entiendes tú por familia monoparental?

—Pues en la que vive uno solo de los abuelos, pero no sé si valen las que los tienen en una residencia...

—¿Me estás hablando en serio o pretendes tomarme el pelo?

—Ya sé, ya sé que no valgo para nada... no sé qué pinto en este mundo...

—Mujer, tranquilízate...

Pero ella, indefectiblemente, se me echaba a llorar como una magdalena.

La pobre, todo lo que tenía de inútil lo tenía de sensible, así que me daba un doble trabajo: aguantar su impericia balbuciente y consolarla cuando se veía sorprendida en falta... ¡la pera limonera del limón del amor hermoso!, que diría mi amiga Blanca.

Debí haber leído a tiempo a Maquiavelo. Es más, creo que nadie debería recibir el certificado de adulto preparado para salir a la calle y enfrentarse al mundo sin haber leído a Maquiavelo.

Por ejemplo, y viniendo al caso, yo debería haber leído antes un párrafo como éste: «Debe el príncipe que quiera guardarse de conspiraciones temer más a los que ha colmado de beneficios que a los que ha ofendido, porque a éstos les falta oportunidad y medios que a aquéllos les sobran.»

No es un maquiavelismo. Es la purita realidad de la vida.

Porque... así fue. No sé muy bien cómo, pero en algún momento parece que decidió empezar a hacerme luz de gas. Yo le pasaba un listado de personajes para entrevistar y a los tres o cuatro días ella aparecía con otro sosteniendo a macha martillo que era el que yo le había dado. No coincidía nada: ni mis preferencias, ni mi letra, ni mi nada de nada... pero ella dale que dale al pandero hasta que me sacaba de quicio:

—Esta letra es tuya.

—Mariluz, por Dios bendito, ¿pretendes volverme loca?

Un mal día, en una reunión de contenidos de la Redacción, se me ocurrió preguntarle a quién teníamos como probables entrevistados para el próximo mes. Ella sacó un papel y se puso a leer con su voz acaramelada:

—Aragón, Alhama, Arba, Jalón, Gállego, Guadalope, Segre...

—¿Eso qué es?

—La lista de posibles invitados al programa.

—Pues, chica, la verdad, a mí a lo que me suena es a la lista de los afluentes del Ebro...

—Perdona, pero ésta es la lista que tú me diste.

—Mariluz, recapacita...

—¡Tú eres la que tienes que recapacitar, no tolero que me humilles delante de todo el mundo!

Y se fue dando alaridos desconsolados... aunque aquella vez no sólo hizo eso. No. Mariluz ya no volvió. Me dejó tirada sin la más mínima explicación y se fue por ahí contando atrocidades infames sobre mi persona a todos los que quisieron oírla... y, como suele suceder en estos casos y pagos, no fueron pocos.

Además, este tipo de verdugos/as son camaleones psicológicos, y tienen una enorme facilidad para hacerse pasar por víctimas. Por otra parte, y como se constata en el capítulo dedicado a los jefes, el superior jerárquico es, por definición y sin reflexión, un imponente mamón, un mamonazo.

En este caso, el mamonazo hembra era yo, en mi calidad de jefa de la criatura, lo cual implica que, además de la traición de aquella a quien tanto había ayudado y soportado, debía hacer frente a los recelos y velados reproches de todos aquellos que se habían dejado impresionar por los lagrimones de cocodrilo de la miserable Mariluz.

¿Se imaginan cómo debe sentirse un niño cuando el perro al que está ofreciéndole comida le muerde la mano con saña?

Pues más o menos así me sentí yo tras aquella traición que, por añadidura y respecto a mi vida profesional, era lluvia que caía sobre el mojado de otras felonías similares.

Lo pasé mal. Muy mal. En realidad, todos lo pasamos fatal ante un hecho así, pero también todos sabemos que el camino no es, no debe ser, dejarse llevar por el corazón, sino por la razón que, en estas situaciones, nos asiste por derecho.

Porque el problema primero en estos casos es que la rabia y el rencor son pésimos compañeros de viaje y con extrema facilidad se pueden convertir en un serio padecimiento físico para el ofendido. De esta forma se llega con frecuencia a la paradoja de que el maltrato y la vejación se prolongan en el tiempo del maltratado y vejado, mientras que el/la que provocó la situación se relaja con toda tranquilidad.

Varias investigaciones relativamente recientes han concluido que rabia y rencor provocan una potente señal en el sistema nervioso en el intento de preparar al organismo para luchar con eficacia o huir con rapidez. Esa situación, calificada propiamente de estrés, provoca cambios fisiológicos notables y de corta duración, que poco a poco pueden convertirse en reflejos rutinarios y el estrés acaba siendo crónico.

La cosa no es moco de pavo porque puede afectar a las articulaciones, el sistema respiratorio, los músculos, el sistema inmunitario y algunos órganos internos, con manifestaciones como dolores de cabeza, irritaciones dérmicas y herpes, hipertensión, molestias gastrointestinales o problemas coronarios.

Y todavía no he terminado, porque cuando la rabia y el rencor son fuertes y mantenidos, el sistema inmunitario se cae en picado y abre las puertas a todo tipo de enfermedades e infecciones oportunistas.

Resumiendo, que es gerundio: la rabia y el rencor son sentimientos impepinables en ciertas ocasiones, pero el riesgo es que una va y se pone a tope de adrenalina y le puede pasar cualquier cosa, con lo que hay que empezar a pensar cómo *cogno* se convive y se sobrevive con el temita, sin convertirse en una víctima doble de su ingrato verdugo. Por eso hay que recurrir cuanto antes a una estrategia de supervivencia que, a mi entender, podría esquematizarse en tres fases: toma de perspectiva, desahogo psicofisiológico y control final emocional.

La toma de perspectiva es el resultado del esfuerzo, determinado y consciente, por lograr que el árbol no impida ver el bosque.

El rencor, con demasiada frecuencia, aísla psicológicamente tanto que implica la percepción inconsciente del ofensor como alguien superior; alguien con un empaque tal que nos amarga la existencia. Y ése es el aro por el que nunca se debe pasar: el capullo o la capulla que traicionó nuestra confianza y amistad no merece que se le dedique el trabajo ni de una sola neurona.

Una traición es algo doloroso y cruel, pero enormemente útil si se le sabe dar la vuelta a la cosa. Porque una charranada de parte de aquella a la que una creía amiga produce el impagable beneficio de saber quién es quién o con quién se ha estado jugando una los cuartos (traseros y en metálico).

Hay que meterse en la cabeza que el que traiciona es el miserable, el mezquino, el pobre, la caca de la vaca... y que una no puede, de forma alguna, ponerse a su altura, guardándole rencor o sintiendo rabia duradera por la fechoría.

En definitiva, y dicho en román contemporáneo, hay que pasar olímpicamente.

Para conseguir este propósito es muy aconsejable recurrir a técnicas de desahogo que faciliten las correspondientes descargas de adrenalina o simple mala leche.

Una muy elemental consiste en escribir una carta, detallando lo que antes se llamaba «relación de agravios», para posteriormente romperla en mil pedazos.

«Despreciada ex amiga y miserable currinchi:

Confío en que al recibo de ésta te encuentres postrada en el lecho del dolor tras haber sufrido un aparatoso atropello por un tráiler de cinco ejes...»

Y luego, ras-ras-ras, y a la papelera. Folio virgen y a darle otra vez al boli:

«Repugnante babosa:

Desde este hermoso rincón levantino (lo que se ve en la postal) te deseo (fervientemente) que no tarde en sobrevenirte una infección generalizada, junto a la peste bubónica y múltiples agresiones víricas tipo Ebola...»

Ras-ras-ras... papelera y leña al mono que es de trapo, hasta que se nos evapore la adrenalina.

Tras este tratamiento de choque e incluso en paralelo, conviene proceder a darse una sesión de espeluznantes alaridos.

—¿Por qué estás acorchando el trastero?

—Porque voy a montar una sala de audición en toda regla. Vete haciendo a la idea, porque después del acorchado voy a colocar cajas de huevos, que son acojonantes para poder poner esto a tope.

—Si a ti nunca te ha gustado la música fuerte...

—¿Tú sabes lo que es un decibelio? Pues el médico me ha dicho que tengo *decibelitis melitus* y hasta que no se me pase tengo que hacer terapia de ruido.

Una vez concluida la insonorización total de la sala, la damnificada por la traición se recluye allí, y mirando fijamente una foto de la traidora grita:

—¡La maaaaaadre que la parióóóóóóóóóóóó, que es un calco de la de *Psicooooooosiiis*... y que me haya tenido que tocaaar a míííííí esta hermana putativa de Norman Baaaaaaaates, es que hay que jooooooooo...!

Este ejercicio hay que combinarlo con gargarismos de agua tibia con bicarbonato y limón, cada cinco minutos, para no destrozarse las amígdalas. Una vez concluido, debe acometerse la tercera y última fase del tratamiento, que consiste en una evaluación desapasionada de los resultados obtenidos. Para ello, una tiene que repetirse, punto por punto, pero sin el menor apasionamiento, el correlato de los hechos. El cómo y el cuándo de aquella miserable traición. Describir minuciosamente la infamia para, al final y con la más amplia y sincera sonrisa, decir:

—Pobrecilla. Que Dios la ampare.

Porque perdonar o reciclar el agravio, no es olvidarlo. La cuestión es recordar hasta el menor detalle, pero metiendo en nuestro propio puño, la rabia, la indignación y el rencor.

La alternativa de supervivencia es evidente: controlar todas esas emociones, todos esos sentimientos... y no permitir, en forma alguna, que ellos te controlen a ti.

Una indigesta comida de trabajo

De unos años a esta parte, en España han ido apareciendo culturas para todos los gustos. Hay una cultura del pelotazo, otra cultura del pacto, la cultura del adosado, la del punto final, del mojito o del ciberespacio... por culturas que no falte. Hay culturas, ya digo, para todo lo que usted quiera, pueda o no pueda imaginar.

Claro que no son culturas como las de antes, que eran muy formales y duraban generaciones. Estas culturas de ahora son casi tan efímeras y fugaces como en mis tiempos era un yo-yo en la puerta de un cole.

Entre las culturas de última generación habría que colocar, y en lugar de honor, a la llamada cultura de la comida de trabajo. Ésta ha sobrevivido mucho mejor que la del desayuno de ídem, que hace tiempo pasó a mejor vida, supongo yo que porque lo del desayuno de trabajo lo puso de moda Fraga, y don Manuel pasó en su momento su particular travesía del desierto, pelín alejado de la moda.

Aunque no sean demasiado abundantes, existen fundamentalistas que se oponen tajantemente a las comidas de trabajo por considerar pecaminosa la mezcla de placer y laboriosidad, recordando la maldición divina: «Ganarás el pan con el sudor de tu frente.»

Sin embargo, otros, más laxos y casuísticos, aceptando el principio, objetan que ya no se trata de pan, sino de cocochas, colegio bilingüe de los peques, adosado y, si llega, hasta BMW.

En el extremo opuesto están ciertos epicúreos radicales que no sólo aceptan la fórmula placer y trabajo, sino que incluso propugnan ir más allá de las comidas. En esta línea sugieren las óperas de trabajo, las sesiones de sauna-*jacuzzi*-masaje de trabajo, el casino de trabajo, las orgías y bacanales-con birmano-francés y relax al champán, de trabajo... Aunque, hay que decir que esto último ya hace tiempo que está inventado entre el empresariado español, pero ya se sabe que no es de buena educación ni políticamente correcto hablar de ello fuera de los puti-clubes de carretera.

También es verdad que nunca faltan tiquismiquis y peñazos de esos que sostienen a macha martillo que en las comidas de trabajo ni se come ni se trabaja. Pero en el fondo algo tendrá el agua cuando la bendicen.

El caso es que la comida de trabajo sigue gozando del favor de ciertos grupos sociales, fundamentalmente porque, como cada vez trabajamos más lejos del lugar donde pernoctamos (aunque ya no se diga aquello tan progre del barrio «dormitorio-reproductor»), resulta aparentemente sensato aprovechar la pitanza para resolver temas que no caben en la apretada agenda laboral del día a día. Pero la verdad es que la teoría hace agua por todas partes. Con frecuencia, se come y se bebe en exceso y la segunda parte de la jornada laboral se convierte en un suplicio inútil; lo que se puede hablar es poco, si no se quiere correr el riesgo de espurrear el rostro del interlocutor por hablar con la boca llena. Además, si las paredes oyen, no les cuento lo que son capaces de oír los de la mesa de al lado, que suelen estar a la que salta. Por último, no suele resultar fácil encontrar tema para llevar a buen puerto el encuentro en una mesa de dos personas, o de un grupo, que en general tienen bastante poco en común. Porque, en la mayoría (y en el mejor) de los casos, la comida de trabajo no es más que la antesala de una reunión formal en una mesa, con su papel y con su boli y con su todo.

—Pues sí, hombre, me interesa mucho que hablemos —va y dice distraídamente uno de los comensales mientras hojea, mucho más distraídamente, la carta.

El otro pone cara como de que la cosa le parece estupendamente:

—Por supuesto. Yo creo que podemos hacer algo juntos... vamos, que tenemos que hacerlo.

—¿Sabes lo que podemos hacer? Podemos quedar en el despacho... ¿qué tal te vendría... vamos a ver... el miércoles de la semana que viene?

Y ahí empieza el consulte afanoso de lujosas agendas preñadas de papelotes y tarjetas plásticas por todas partes.

—El miércoles estoy en Barcelona... tendría que ser ya... el viernes de la semana siguiente.

—Déjame ver... tengo un máster de análisis competencial, ¿qué tal el lunes por la tarde de la semana del...?

—Oye, que... lo que hacemos es que nos llamamos.

—Vale... nos llamamos y quedamos, porque de verdad me interesa que hablemos.

—No, y a mí, veo como muy claro que podemos hacer algo... así que quedamos en eso, que nos llamamos.

En honor a la verdad, hay que decir que esta curiosa conversación no es privativa de la comida de trabajo. De un tiempo a esta parte, dos españoles, cada vez que se encuentran, empiezan inmediatamente a decirse que tienen que verse (como si no se estuvieran viendo cuando se lo dicen) y que sí, que de verdad, que tienen que verse... luego, sin transición, pasan a jurarse por la gloria de su madre que se van a llamar.

—Oye, que tenemos que vernos.

—Pero de verdad, ¿eh?

—No, no... nos vemos ¡seguro!

—Me llamas.

—Bueno, nos llamamos.

—Pero fijo.

Quizá es que cada vez tenemos menos que decirnos los unos a los otros y lo de hacer un brindis al sol con una cita que ambos saben de antemano que no se va a producir, al menos consuela, deja la conciencia tranquila y, sobre todo, se sale del paso, que es a lo que casi siempre estamos.

Pero digo que estamos y en realidad estábamos... estábamos en la comida de trabajo y en el...

—Nos llamamos y concertamos una cita.

—Exacto... y hablamos.

Dicho lo cual, y en sentido estricto, ya se ha terminado la parte destinada al trabajo. A partir de ese momento sólo queda la comida... que no es poco ni moco de pavo, que se decía antes.

En el fondo, en una comida de trabajo lo mejor que puede pasar es que no produzca daños irreparables. O dicho de otra forma, que al caso viene: día a día y cita a cita, hay que discurrir la manera de sobrevivir a una comida de trabajo.

Dentro de lo tradicional, lo más socorrido —siguiendo el catón de supervivencia de la señorita Ingrid-Débora-Vanessis con *kit* de manos libres— es introducir en la conversación el tema de las dolencias ligadas a la buena mesa.

—Las cartas cortas me ponen de los nervios... es que no puedo tomar nada con grasas ni con sal, por la tensión, y raro es el sitio en el que no se pasan con el salero.

—A mí me ocurre al revés: tengo la tensión por los suelos. Hay mañanas que me levanto como si me hubiera pasado por encima un tractor, pero, en fin, ¿qué te parecen unos choricitos al infierno, para picar? Apenas tienen grasa.

— Yo, los choricitos, ni al infierno ni al paraíso terrenal con su Árbol de la Ciencia del Bien y del Mal. Es que no puedo ni siquiera oler el embutido, y menos frito. Tengo el colesterol disparado.

—No me hables. Si yo tampoco debería... porque, para mí, todo lo que tenga grasa...

—Porque estás intentando quitarte algunas arrobas de encima... supongo.

La carita de coña no deja lugar a dudas, así que... una de mosqueo.

—No, adelgazar no, porque no estoy en tu caso. Yo no lo necesito. Es por los triglicéridos, que se me han puesto a mil.

A partir de este punto, la conversación suele adentrarse en terrenos que rozan —cuando no entran en ello decididamente y al asalto— lo netamente profesional. Porque un español, en materia sanitaria, menos el juramento hipocrático en griego clásico se lo sabe todo y como se lo pregunten: por temas, de corrido, salteado... que para eso lleva pagando plazos de *El médico en casa* desde que Eloy Gonzalo hizo aquello tan heroico y ejemplar de la lata de gasolina y la antorcha encendida, en Cascorro, Cuba.

—Bueno, bueno... los triglicéridos se controlan bastante bien, pero, ¿qué me dices de las transaminasas? No poder tomar un buen Rioja de crianza en la comida es un martirio al que ningún ser humano debiera ser condenado.

—Me vas a perdonar que te corrija, pero no me compares unas transaminasas altitas con un subidón de ácido úrico, como el que me da a mí cada lunes y cada martes. Al fin y al cabo, lo de los triglicéridos sólo afecta a personas que tienen problemas con el alcohol.

Este último comentario empieza a molestar al interlocutor de las transaminasas:

—Pues fíjate que a pesar de mis problemas con el alcohol, todavía estoy lo suficientemente sereno como para no entender por qué no se van a poder comparar unas transaminasas con un ácido úrico.

—Pues porque con el ácido úrico a tope, por ejemplo, no se puede probar ni caza ni marisco.

—Y, ¿qué pasa por no comer caza o marisco?

—¿Cómo que qué pasa? La caza y el marisco son exquisitos... no en vano, y me vas a perdonar la lección de historia, son manjares de reyes.

—De reyes que había que llevar en parihuelas y entre algodones porque no podían dar un paso con la gota... ahí tienes a Felipe II, y no digamos a su padre, Carlos V, que cuando le llevaron al monasterio de Yuste tenían que cogerlo con pinzas.

—Con gota o sin gota, lo que está claro es que en su imperio no se ponía el sol. Además, para empezar, la caza a mí me chifla y por otra parte no cabe duda de que es una comida de nobles.

—No te dejes engañar por la literatura de cordel... la caza y el marisco son comidas de nuevo rico y de hortera de bolera con ínfulas de gran señor.

—Nuevo rico y hortera de bolera, con perdón, lo será tu padre, y conste que lo digo sin acritud y sin el menor ánimo de ofender, pero, vamos, me parece a mí que, sin faltar a la verdad, todo el mundo sabe que tu padre, que en ciertos ambientes le llaman «Don mariscón», cimentó su fortuna recogiendo cartones por la calle, como el presidente del Real Madrid.

—¿Qué pasa, que eres del Atleti?

—Pues no, soy del Barça, desde aquella gloriosa alineación que guardo en la memoria con nostalgia blaugrana: Ramallets, Olivella, Rodri, Gracia, Vergés, Vidal, Gensana, Segarra, Tejada, Kubala... ¿qué pasa?

—Como pasar no pasa nada. Para empezar falta un jugador, porque yo cuento diez... y, además, ¿qué quieres que te diga?, bastante desgracia tienes con lo que tienes... siendo culé.

—Yo seré culé y blaugrana, pero tengo una empresa con una contabilidad totalmente saneada, ya me entiendes... y no como otros que yo me sé.

—Si lo dices por la mía, en primer lugar, está más sana que un panda de zoológico, pero si tienes dudas, francamente, no sé qué hacemos comiendo para hablar de negocios.

—Pues porque siempre he querido conocer de cerca a un rata contrabandista palurdo... mira tú por dónde.

—Fíjate qué casualidad. A lo mejor no te lo crees, pero yo siempre he deseado echarme a la cara a un gilipollas con balcones a la calle... como tú, mismamente.

Y ahí se acaba la comida de trabajo.

Claro que, dirán ustedes, puestos a sacarle faltas a la estrategia, sobrevivir a una comida de trabajo a precio tan alto puede resultar de dudosa eficacia y tal vez era mejor la enfermedad que el remedio.

Por eso voy a proponerles de inmediato otras alternativas menos dolorosas. Que las hay.

Aunque debo aclarar desde el principio que no hay receta mágica que valga en todo momento, porque la estrategia de supervivencia ante una comida de trabajo depende mucho de la temporada. La moda, ya saben, siempre tirana, exige continuas adaptaciones.

Y es que, en este caso, la aparición de la cultura de la comida de trabajo coincidió, más o menos, con la irrupción de otra de las culturas *modelnas* (con ele): la de la nueva cocina, *nouvelle cuisine* o cocina imaginativa. Por si ustedes no lo saben, esta cocina consiste en unos platos muy imaginativos, como su propio nombre indica, compuestos por muy poquito de comida y un muchito de mal llamada imaginación, que podría traducirse en sencilla *gilipolluá*, que diría el maestro Tip, pero siempre, eso sí, al aroma de eneldo. Ejemplo de estos platillos *nouvelle cuisine* podría ser: lentejas de Chambord con crema de arándanos al *gourmand*, en lecho de láminas de *cornichon*... al imprescindible aroma de eneldo. Esto, escrito en la carta, porque al ojo y al paladar humano propiamente dichos se trata de un puñadito de lentejas tipo zamorano, pero un poco más en pequeño y en rubito, con una cucharadita de mermelada de color tul ilusión a un lado, y todo encima de unas rodajitas de pepinillo. Lo del aroma de eneldo, el Chambord y el *gourmand*, como es de vacile, ni se nota. Lo de *cornichon* quiere decir «pepinillo», así que por ese lado, sin queja.

En aquel tiempo *nouvelle-cuisinero*, por llamarlo de alguna forma, lo esencial para la supervivencia era proveerse de un buen bocata de salchichón de Vic o embutido similar, para darle un tiento entre gilipolluá y gilipolluá al aroma de eneldo.

— Pues fíjese que tengo como un ahogo... ¿me disculpa?, voy un momento al servicio.

Y en el servicio, el comensal se ponía cieguito de bocata, como en aquella película de Buñuel, *La edad de oro* (creo), en la que los invitados se sentaban a la mesa sobre inodoros y comían a escondidas en el retrete. Lo peor, en el caso que nos ocupa, es la vuelta a la mesa, porque, en general, se nota.

—Le ha cambiado a usted la cara.

—¿Sí?

—Sí, le brillan los ojos de forma especial.

—Es que he tenido una especie de... de orgasmo, con perdón de la mesa... ¿qué tal el cebollino *gelée blanche*?

—Excfgggfrjislente.

—Vale.

Otra estrategia de supervivencia ante una comida de trabajo es la de aplicar de forma estricta la teoría de las dietas disociadas. Hay quien sostiene que, por lo menos, se adelgaza.

Claro que el aplicante corre el riesgo de que su salud se quebrante seriamente, pero a cambio, además de perder kilos, se entretiene una barbaridad, que es de lo que en principio se trata.

A estas alturas todo el mundo sabe (supongo) que las dietas disociadas consisten, más o menos, en comer todo lo que se desee, pero evitando la mezcla de proteínas e hidratos de carbono, en la creencia (cierta o no) de que cada uno de estos dos grupos necesitan procesos digestivos diferentes. Estas dietas disociadas, llevadas al extremo, se convierten en «cetogénicas», lo que traducido al cristiano común significa que ya no sirve con la sola separación de nutrientes, sino que hay que eliminar radicalmente alguno de ellos.

Yo recuerdo aquella que puso tan de moda la italiana Raffaela Carrá, que consistía precisamente en eso: en comer pan con pan y pollo con pollo, y así. Estaba terminantemente prohibido tomar dulces, excepto si se hacía antes de las siete de la mañana. En la tele conocí a un peluquero que se pegaba unos madrugones indecentes para poder meterse unos pastelitos entre pecho y espalda. No sé qué más hacía, pero el caso es que delgadito estaba.

Entre las dietas más populares, figuran la llamada «antidieta» de Harvey y Marilyn Diamond, y las dietas de Antoine y Marie Leconte, aunque en los últimos años el gran bombazo ha sido la propuesta por Montignac, especialmente desde que en 1990 salió al mercado su libro *Cómo adelgazar en comidas de negocios*, que es casi exactamente lo mismito que nos ha traído a nosotros hasta esta línea y renglón.

Hace poco me vi sentada en una mesa con un acólito casi fanático de las dietas disociadas y un «anti» escéptico verdaderamente militante.

«Éste es el momento y la ocasión para que te hagas tu composición de lugar», me dije yo a mí misma, porque siempre viene bien saber algo más sobre dietas de adelgazamiento. Así que atenta y oído al parche.

Mientras un camarero daba los últimos retoques a la cubertería y al aliño general de la mesa, en espera de la inminente llegada del *maître* (porque el restaurante en cuestión era de los de *maître* de esos que siempre llevan un terno de guardarropía, con su semifrac y sus pantalones de rayita gris-negra-gris-negra... de esos que cuando no pides primero o postre te miran de hito en hito en actitud de franca hostilidad... de esos... Pero vamos a lo que vamos, que si no cerramos el paréntesis se me pierden), la conversación (estábamos en lo de esperar la llegada del *maître*, no sé si se acuerdan) giraba en torno a la climatología que en todo tiempo y lugar es tema la mar de socorrido:

—Los veranos ya no son lo que eran.

—Qué va... aquellos veranos que salía la gente a la calle con los colchones asfixiadita de calor.

—Lo que pasa es que no tenemos perspectiva temporal ni memoria histórica... El verano de 1977 fue más frío que éste. Estadísticamente se producen estos ciclos, pero la climatología no ha variado sustancialmente. En cuanto a lo de los colchones, estamos hablando de la posguerra y de aquellas pertinaces sequías en las que, además, la gente vivía en condiciones infrahumanas, en corralas con un retrete compartido en cada planta, en chabucos sin más higiene que un barreño de zinc... Ahora, con el mismo o con más calor, como contamos con edificios bien aislados, buenos cuartos de baño, aire acondicionado... ni lo notamos.

En estas reuniones siempre tiene que haber un escéptico de esos que se lo saben todo y que lo que no saben se lo inventan, que lo razonan todo, sin ton ni son, porque, en realidad y a estas alturas de la peli, al personal le importa un bledo todo y a lo único que aspira es a pasar el rato diciendo la primera gilipollez que se le pase por el torrao. Afortunadamente, llega el tan esperado *maître*, carta, bloc y boli en ristre.

—Fuera de carta, hoy tenemos chipirones con arroz, chuletillas con patatitas panadera...

—¡Qué horror!... hidratos y proteínas, grupos asociados...

El escéptico pone cara de mala leche y replica:

—¿Y qué quiere decir con eso?

—Quiero decir que, como todo el mundo sabe, la tendencia a engordar no se debe a que ingerimos calorías de más, como hasta ahora se creía, sino que es consecuencia de la disfunción del páncreas a la hora de generar insulina.

El escéptico no se lo piensa y se le tira (de «abalanzar», no de lo otro) como un mandril en celo:

—Si excluimos a los enfermos de diabetes, es completamente falso que las grasas no se asimilen si se toman con hidratos de carbono.

—Porque usted lo diga.

—No, porque lo diga yo no, porque lo dice el sentido común, la ciencia de la nutrición, la bioquímica, la biología molecular...

—Menos lobos...

—¡Cómo que menos lobos! Esas dietas disociadas que se llevan ahora tanto son una barbaridad... La falta de glúcidos produce graves déficits nutritivos y, además, es peligroso que el cuerpo se quede sin glucosa y se vea forzado a emplear otros componentes y a cambiar su ritmo digestivo.

—¿Usted a qué ha venido aquí, a comer o a postularse para el Nobel de Medicina?

—¡Yo he venido a lo que me sale de los cataplines!

—Pues tenga usted cuidadito, porque tengo entendido que los cataplines o criadillas no son nada buenos para el hígado.

—Lo único malo para el hígado es escucharle a usted.

En ese punto me vi obligada a intervenir:

—¿Qué tal unos pimientos de Padrón?

El producto no podía ser más inocuo y conciliador para los anti y los pro dietas disociadas, pero el escéptico no estaba dispuesto a ceder ni un milímetro.

—¿Y a usted qué se le ocurre que podemos comer para disociarnos como es debido?

—Yo estoy haciendo la dieta de Antoine, que separa los alimentos según los días de la semana. Hoy viernes toca huevos.

—¿Ve?, ahí sí que le doy toda la razón.

—¿En qué?

—En lo de tocar los huevos...

—Señores... por favor...

—Total, que no se moja y no dice qué es lo que se puede comer disociadamente, ¿no?

—Se lo digo sin ningún problema... por ejemplo, puede mezclar proteínas con frutas ácidas o semiácidas.

—O sea, huevos con kiwi o gambas con manzana reineta...

—También se pueden mezclar hidratos con frutos dulces.

—Eso sí que mola la gramola: ¡bocata de plátano, mijo con uvas, espaguetis con papaya...!

—Es usted un cretino.

—Y usted un tontolaba.

Está claro que sobrevivir a las comidas de trabajo charlando de dolencias ligadas a la pitanza, engañando a los comensales de un restaurante especializado en *nouvelle cuisine* o practicando una dieta disociada no es ninguna ganga, pero la verdad es que no se me ocurre otra cosa. Quizá, y por terminar con elegancia, aunque no sé si viene muy a cuento, no quiero privarme de estampar aquí la famosa frase del hidalgo manchego: «Come poco y cena más poco, que la salud de todo el cuerpo se fragua en la oficina del estómago.»

IV

Viciosos vicios

Fumando espero (el humo que no nos deja vivir)

Dejar de fumar cambió mi vida. En muy poco tiempo, desaparecieron las leves migrañas que me acosaban durante la mayor parte del día, la acidez de estómago tras cada comida, el cansancio que me desmoralizaba cada vez que intentaba hacer un esfuerzo físico... Estoy convencida de que si a los fumadores les explicaran con detalle cómo deteriora el tabaco su calidad de vida en el día a día, en el minuto a minuto, los efectos de las campañas anti serían fulminantes. Sobre todo a los hombres, machos hispanos que ostentan el récord de consumo en la Comunidad Europea (fuman el 48 por ciento de los adultos). Alguien debía contarles que el pitillo reduce considerablemente el oxígeno en sangre y que ése es un factor clave en el logro de una erección *comme il faut*...

Pero a lo que siempre se recurre es al tremendismo del enfisema pulmonar o el cáncer de pulmón, y eso, claro, no funciona, porque si la amenaza es la muerte poco efecto real puede esperarse en una sociedad que contempla impasible cómo la carretera se lleva cada semana medio centenar de vidas.

Claro que las cifras del tabaco van mucho más allá. Por efecto directo de su consumo mueren en España unas 46.000, a las que hay que empezar a añadir la cifra de fumadores pasivos, que ya está rondando el millar. Lo de los gastos sanitarios derivados del consumo de pitillos tampoco es grano de anís: unos 218.000 millones de pesetas anuales, un 0,2 del PIB.

Además, lo de España debería empezar a preocupar porque tras años de información sobre los riesgos del humo, en lugar de disminuir el consumo, se ha acrecentado y nuestro país ha pasado del puesto 21 en consumo de cigarrillos *per capita*, en 1980, al puesto 12 en 1992, con 2.670 pitillos entre pecho y espalda, por adulto y año.

¿Que quién para esto? Es difícil que desde las instancias oficiales se haga algo efectivo y la experiencia nos demuestra que una cosa es predicar prohibiendo fumar en los hospitales, supermercados, despachos de la Administración con atención al público... y otra dar trigo con cumplimientos reales de la norma. Tampoco creo yo que se haga mucho esfuerzo, dado que los impuestos representan el 70 por ciento del valor del cigarrillo y por ese concepto Hacienda recolecta cada año la sabrosa suma de 400.000 millones de pesetas.

Así las cosas, lo más razonable es emprender la cruzada antitabaco de forma individual.

Yo lo hice hace unos años, y ya digo que bendita la hora. Sin embargo, no he tenido el menor éxito a la hora de traspasar mi positiva experiencia a las personas que tengo más cercanas, a las que más quiero. Ésas, casi todas fuman como si cada pitillo fuera el último deseo de un condenado a muerte.

En general, el fumador siempre plantea las cosas en el mismo sentido: dejar de fumar es relativamente fácil; la cuestión es qué hacer después, cómo mantener la abstemia nicotínico-alquitránica.

Por estas y otras cuestiones decidí un día contrastar mi experiencia personal con la opinión de un especialista y acudí a mi amiga Toñy, acreditada periodista de la prensa del corazón. ¿Que por qué a ella? Pues porque todo el mundo sabe que el tabaco afecta sobre todo a lo cardiovascular, que es precisamente donde el corazón tiene su papel protagonista.

—Toñy, ¿cómo se deja de fumar?

—En realidad es muy sencillo. A partir de un determinado momento, que cada uno fija arbitrariamente o como mejor le viene en gana, un momento que podemos llamar la hora «H», no se vuelve a fumar un cigarrillo, pipa, puro o similar, en lo que a una le resta de vida.

—¿Así de fácil?

—Acuérdate que yo no he dicho fácil, sino sencillo. Con la sencillez de las fórmulas científicas... como H_2O o $E = MC^2$, las fórmulas del agua y de la relatividad... ahora, si a ti lo de la relatividad te parece fácil...

—Es que precisamente yo no te estoy preguntando por la fórmula, sino por la teoría completa.

—Eso ya es mucho más largo y ahora me pillas fatal de tiempo... te lo mando por fax. Dame el número.

—Es el mismo que el del teléfono.

Y dicho y hecho. Eso sí, tardó un par de semanitas, pero al final, me mandó el fax cuyo texto transcribo en su literalidad:

Querida Maite:

Cuando decidí dejar de fumar, sabía de la existencia de diversos métodos de ayuda a la deshabituación, como la acupuntura, las grapas en las orejas, la ingesta masiva de agua, una psicoterapia argentina, etc. Claro que como esto lo sabía por los muchos amigos que los habían experimentado sucesivamente las doscientas o trescientas veces que habían dejado de fumar, decidí que yo iba a hacerlo por las buenas; es decir, por las malas. O sea, con un par, como dicen los tíos, o lo que es lo mismo: que más vale honra sin estancos que fumar con vilipendio, que dijo Ortega y Gasset (o El Gallo, no estoy muy segura).

Dicho y hecho, me puse a caminar por el camino de la virtud, que, como todo el mundo sabe, a diferencia del infierno, está empedrado de malísimas intenciones. Porque yo lo llevaba malísimo de fatal y muy mal, pero, eso sí, con la cara muy alta (al menos todo lo alta que me permite mi metro sesenta de estatura).

Y estaba yo en ese sinvivir que es el sinfumar, cuando acudí a una cita con mi amigo Bochi (no sé si le conoces. En realidad se llama Ernesto, pero todos le llamaban Bochinche por las que acostumbraba a organizar y al final se ha quedado con Bochi).

Lo primero que me extrañó fue que un noctámbulo murcielaguino de su talla me llamara a las nueve y media de la mañana, para citarme a las once en una cafetería, por lo que te puedes imaginar que acudí a la cita con la oreja detrás de la mosca, convencida de que no podía tratarse de una cita corriente y moliente. Nada más llegar, Bochi respondió a mi saludo con un ademán vago y un murmullo ininteligible. Luego permaneció silencioso y cabizbundo. Parecía nervioso. Con gestos mecánicos buscaba cosas en los bolsillos, objetos que no salían a la luz, ya que él se limitaba a palparlos, como asegurándose de que aquellas cosas, fueren lo que fueren, permanecían en su poder. Su mirada también vagaba inquieta. Tan pronto parecía interesado en el dibujo de las molduras del techo del local como clavaba sus ojos en mí. Entonces sonreía y yo adivinaba en él una gran lucha interior y la necesidad, quizá, de decirme algo importante.

Yo, te puedes imaginar, permanecía expectante y también en silencio, al tiempo que con mis mejores sonrisas trataba de invitarle a la confidencia, pero poniéndoselo fácil, sin apremios.

Por fin, con voz pastosa y tono grave de doblador de cine, fue y dijo:

—¿Sabes...?

Los puntos suspensivos empezaron a alargarse y a alargarse y a alargarse. Yo me quedé esperando a ver si me decía qué tenía que saber, pero él dejó la pregunta así y claro, ¿qué iba yo a saber después de un «sabes» tan confidencial como aquél. La pausa se fue prolongando y empecé a temerme lo peor. Sus ojos se cerraron en dos líneas negras inexcrutables y así permaneció unos segundos. Después, cuando sus párpados recobraron la abertura estándar, fue y dijo.

—¡Soy un fumador compulsivo!

Al principio creí que no había entendido bien. Yo esperaba algo así como: «He abandonado a mi anciana madre paralítica en una gasolinera de carretera y me largo a Cayo Coco», o bien: «He cometido un desfalco de trescientos kilos en la empresa y le he colgado el marronazo al pobre contable que estaba a punto de jubilarse», o incluso algo más grave como: «Me he hecho de los Hare-Krishna, hare-hare, facción Suamni Sunanda Baranda González, de Alcorcón» o: «Me he suscrito a un boletín confidencial de macrobiótica ufológica»... pero no. Había dicho exactamente lo que yo había creído oír: «Soy un fumador compulsivo.»

Y, claro, yo que soy algo dada al encrespe, me encrespé:

—¡Toma y ese señor de la barra... mira que dedazos amarillo-dalai-lama de la nicotina... o ese otro de la mesa del esquinazo, que echa humo como la locomotora de *El maquinista de la General*. Es más, yo misma soy fumadora compulsiva en algunas ocasiones y no me doy tanta importancia!

Algo más sereno, tras la regañina encocorotada, me explicó:

—No me entiendes o no me quieres entender o a lo peor es que yo no me explico. Es que soy fumador compulsivo, pero muy compulsivo, extraordinariamente compulsivo.

Ya iba yo a meter baza ante afirmación tan redundante, cuando me espetó:

—Además es que estoy dejando de fumar.

¡Toma castaña que son de la braña! Y eso me lo decía a mí. En el peor momento de mi existencia de fumadora compulsiva talla XL. A mí, que había decidido abandonar el puñetero vicio del pitillo. A mí, que llevaba doscientas noventa y nueve horas infernales... digo, no, que ya son y media. O sea, doscientas noventa y nueve horas y treinta minutos sin encender un cigarrillo, ¡que se dice pronto: doce días largos sin fumar!

De golpe y porrazo, todo el anhelo difícilmente contenido en ese tiempo se instaló en mi garganta. Las aletas de la nariz se hinchaban en procura del humo imposible y el deseo produjo el automatismo de mi mano derecha, que, engarabitada como una garra, se lanzó imparable al bolso en busca del paquete de tabaco.

Menos mal que una ya es talludita y no se chupa el dedo y ya estaba avisada de la posibilidad de aquel impulso irresistible. Sobre todo porque se había producido unas tres mil veces en la última semana, así que en el bolso de una servidora había menos tabaco que naranjos en el Polo Norte.

Entonces sucedió algo increíble, como un acto de prestidigitación en el que la mano es mucho más rápida que la vista. Porque yo no me había distraído ni un segundo y no había apartado la mirada de Bochi en momento alguno. La verdad es que no sé cómo lo hizo, pero de pronto, sobre la mesa había un paquete de tabaco de mi marca preferida. Pero eso no era todo. Lo más sorprendente es que entre los dedos de Bochinche humeaba un cigarrillo recién encendido.

Como no sé gritar en bajito, rechinándome los dientes le dije:

—Pero, ¿no acabas de confesarme que lo estabas dejando?

—Sí mujer, en eso estoy. Mira.

Y con un aire como de suficiencia, acercó el pitillo a sus labios y dio una sola calada. Eso sí, de aspiración profunda, con la que consumió medio cigarrillo. A continuación, con mucho cuidado y parsimonia, llevó la toba hasta el cenicero, sacudió la larga columna de ceniza y lentamente aplastó la colilla contra el cristal.

Me miró con gesto sosegado y triunfal.

—¿Te percatas?, no hago más que encenderlos.

—Ah, bueno, parece que ya entiendo tu sistema. A ver si te lo explico. Para ti, estar dejándolo significa que en lugar de fumarte dos paquetes diarios, sólo te fumas cuarenta cigarrillos al día, pero, eso sí, encendiendo ochenta o noventa.

Dicho esto, y como seguía obsesionada y pendiente de aquel paquete de cigarrillos que desde la mesa me susurraba cada vez más convincente «fúmame, fúmame», decidí cortar por lo sano.

—Y ¿sabes lo que te digo?, que si de verdad estuvieras dejando de fumar no comprarías tabaco ni lo llevarías encima, así que... ¡ya estás tirando esa porquería!

—Qué ingenua eres. Pero, ¿tú crees que el hecho de tener tabaco depende de que tú quieras comprarlo y tenerlo?

—Pues sí. Claro que sí.

—Eres una membrilla.

—¿Qué?

—Que el asunto va de otro rollo. Fíjate, recuerdo una noche, no hace mucho, cuando yo todavía no había decidido dejarlo, estaba en casa, a eso de las tantas, y cuando ya iba a acostarme, con mi pijamita y todo, busqué un cigarrillo para fumármelo en la cama y el maldito paquete estaba vacío. Fíjate qué situación... ¡quedarme yo sin tabaco! No podría ser, así que revolví toda la casa... y nada. Busqué en los ceniceros, en la basura, por si había alguna colilla potable... nada: los ceniceros limpios como la patena, y en la basura, sólo plásticos infumables. Me empecé a angustiar. Sentía como una cosa pastosa que se me subía... llegué a sentir miedo, un miedo tembloroso, un miedo premonitorio tipo *Expediente X.*

Lo del expediente me debió de tocar la fibra, porque yo también empecé a sentir un miedo y una angustia muy similares, por lo que contaba, a los padecidos aquella noche de marras por mi colega ex semifumador. Intenté desviar la conversación, pero él siguió impertérrito con la película de los hechos en el punto en que el protagonista (él mismito) se ponía unos pantalones y una chaqueta sobre el pijama.

—Me lancé a la calle en pos de cigarrillos. Todo estaba cerrado, pero sabía que podría conseguirlos. La luz de un bareto alimentó definitivamente mis esperanzas. Corrí y corrí, mientras mis oídos se negaban a aceptar el sentido de aquel ruido de cierre que llegaba desde la zona iluminada. Grité como un poseso: «¡Espere, espere... !» Cuando llegué hasta el cierre medio bajado, la carrera me había cortado el aliento por completo y no podía articular ni media palabra. El tipo que, gancho en mano, estaba cerrando me miró receloso. Por mi parte, sólo pude decir: «Corpf, graftgbaco, grhumh, machabaco...»

—Y el señor, ¿qué te contestó?

—Pues, cuando conseguí explicárselo mejor, me dijo que me tranquilizara y que la máquina de «Su tabaco, gracias» se había estropeado por la mañana y no funcionaba para nada. Antes de que le dijera otra cosa, me aclaró que él no gastaba desde hacía siete años, pero, eso sí, me dijo que había una tienda un poco más abajo, tipo Seven Eleven, que no cerraba en toda la noche. Me dijo que se llamaba La Luciérnaga.

—Bueno, y qué, ¿encontraste tabaco allí?

—Lo de La Luciérnaga debía ser un cachondeo, porque no encontré nada abierto.

—¿Y qué hiciste entonces?

—Me dediqué a perseguir a todo transeúnte que cruzaba el horizonte más o menos lejano, pero tampoco dio resultado. Primero porque a semejantes horas había poquísimos y además porque a esas alturas la pinta de servidor debía de ser como la de uno de los malos de Mad Max en la carretera. Cuando conseguía acercarme a alguno, salía corriendo que se las pelaba. Sólo pude alcanzar a uno bajito que rápidamente me entregó el reloj, el anillo y la cartera.

—Te confundió con un chorizo.

—No, creo que pensó que era un inspector de Hacienda somos todos, pero para el caso... cuando le aclaré que yo no era lo que él creía que era y se tranquilizó, me montó un pifostio de tres pares. Me dijo que, como afirma el presidente del Congreso, mandaba huevos que para pedir un pitillo hubiera que dar un susto de muerte a las personas humanas.

—¿Y tú qué le dijiste?

—Tal y como estaban las cosas, pensé que lo mejor era dejarlo, pero a cierta distancia. Volví a correr. Aunque esta vez, en defensa propia. El tío me quería comer y no vi más alternativa que refugiarme en mi domicilio.

—Te resignaste a no fumar aquella noche.

—De ninguna de las maneras. Lo que hice fue llamar al 091 y pedirles que me consiguieran un pitillo.

—¿Y te lo llevaron?

—Para nada. En este país siempre pasa lo mismo: las instituciones no están para ayudar al ciudadano, sino para perpetuarse a sí mismas.

—Hombre...

—¡Ni hombre ni leches, qué trabajo les hubiera costado mandarme un *zeta* con un paquete! Pues me dijeron que el paquete no me lo traían, que me lo metían. Así que, a las cinco de la mañana, estaba ya en la terraza cortándole las hojas secas a los geranios para picarlas y fumármelas cuando de pronto se obró el milagro en forma de camión de la basura. El camión, además de despertar al vecindario, tenía la misión de pasear a tres fornidos barrenderos por las calles de la ciudad. Uno de ellos fue mi buen samaritano. Me dejó un paquete con un cigarrillo dentro. Lo recogí con los ojos arrasados de lágrimas y cuando partieron yo les seguí durante un rato por las calles, agitando la manita como Lara en *Doctor Zhivago*.

—Bueno, menos da una piedra.

—No estoy seguro, porque el cigarrillo, además de estar arrugado como una serpentina, tenía rotos en el papel, el humo se escapaba y no tiraba ni para su padre. Hasta las ocho y media de la mañana no conseguí un cigarrillo decente. Todavía me estremezco al recordarlo.

—Chico, yo que tú me ponía manos a la obra y hacía un guión para una película.

—No te lo tomes a cachondeo porque la cosa va totalmente en serio. Esas cosas te pasan cuando fumas. En cambio, cuando lo dejas... es como un fenómeno *poltergeist* de ésos, porque, de pronto, el tabaco llueve como granizo y todo el mundo te ofrece. No vuelve a faltarte el tabaco jamás. En todos los rincones de la casa aparecen cajetillas, en el buzón se apretujan muestras de campañas publicitarias para el lanzamiento de una nueva marca de cigarrillos y cuando los amigos vienen a visitarte o a tomar una copa, siempre se dejan los paquetes sobre la mesa o en la repisa del aparador... Ayer, sin ir más lejos, subió a casa una amiga, a tomarse la penúltima, y cuando se fue... ¿qué dirás que se había dejado al lado del vaso?

—Un paquete de cigarrillos.

—No, señorita: dos paquetes, uno de rubio y otro de negro, una caja de puritos holandeses, un encendedor y dos cajas de cerillas, una de cera y otra de palo... supongo que para que me hicieran compañía.

—Pobre Bochi... parece que todo el mundo se ha puesto de acuerdo para fastidiarte.

—No, supongo que no lo hacen adrede, pero el caso es que medio mundo forma parte de la conspiración.

Lo de la conspiración universal me puso en guardia. La charleta de Bochi empezaba a sonar a discurso de frenopático para amigos de los ovnis y me pareció que de un momento a otro iba a salir a relucir la CIA y sus turbios manejos para esconder extraterrestres, así que pasé al ataque para aclarar posiciones.

—Mira, chico, no sé por dónde vas, pero yo estoy decidida a dejar de fumar solita del todo, sin conspiraciones judeomasónicas ni del Pentágono ni de nada... no sé si me entiendes.

—Tú estás en la inopia y no has decidido absolutamente nada. Se han pasado un montón de años acondicionándote el coco para que fumes, con imágenes de vampiresas que fumando esperan al hombre que ellas quieren tras los cristales de alegres ventanales... y ahora te lo lavan al revés para que dejes el pitillo. Así, entre que lo estás dejando y que te colocan treinta partidos de fútbol por la tele... estás entretenida y sumisa frente a los que mueven los hilos de la realidad.

—Los que mueven los hilos de la realidad... ¿sabes lo que estás diciendo?

—Sé perfectamente lo que estoy diciendo: somos enanos rodeados de enanos y los gigantes se esconden para reírse. Nosotros somos el silencio de los corderos y estamos en el centro mismo de la conspiración...

—Ya salió la conspiración... ¿y se puede saber quiénes están en la conspiración de marras?

—¡Y yo qué sé! La CIA para echar una cortina de humo sobre el caso Roswell, la Hillary Clinton para que la justicia pase de puntillas sobre las aficiones felatorias de su santo, la Seguridad Social para ahorrar, la Liga de las Buenas Costumbres para lo que su propio nombre indica, Greenpeace por dar la vara, el Ministerio de Sanidad por lo de los medicamentos genéricos... hasta las multinacionales tabaqueras deben andar metidas.

Me sorprendí a mí misma por lo que dije a continuación. Yo, que me había convencido de la necesidad imperiosa de abandonar el vicio del humo, traicionaba a un amigo instándole a flaquear en su lucha.

—Chico, tal y como yo lo veo, lo mejor va a ser que dejes el asunto correr y te instales en tu despacho, bien provisto de tabaco, para escribir un ensayo con un título potente... algo así como «El hábito de fumar considerado como una de las bellas artes».

—Con ese tipo de comentarios no me ayudas nada. Yo tengo que bucear en el problema, tratar de llegar al fondo, comprender y superar mi compulsión.

—Perdona, pero... para que yo me oriente... ¿lo pretendes superar desde un punto de vista psicoanalítico freudiano o más bien desde un enfoque más psicosociológico behaviorista?

—Está visto que no me entiendes... aunque tampoco es nada raro, siendo mujer...

—¡Ese comentario no es más que el reflejo de un prejuicio sexista y falócrata! ¿Qué tiene que ver el tabaco con el género sexual?

—Pues algo tendrá que ver, porque acuérdate de la posguerra y el racionamiento, ¿cuándo eras real y oficialmente hombre y mayor de edad?, pues cuando te daban la cartilla de fumador... un documento oficial de primerísima fila. Y lo que está claro es que no había cartilla de fumadora...

—En aquella época, o sea, en tus tiempos, todos erais unos machistas redomados, empezando por la Tabacalera.

—¿Cómo que en mis tiempos? Perdona, pero yo jamás he tenido una cartilla de racionamiento, que eso lo sé todo por mi padre... ¡a ver si te crees que nací en el cuaternario!

La mención de la edad fue un golpe ruin, sabiendo lo sensible que es Bochi con ese tema, pero la verdad es que a aquellas alturas yo ya no quería herirle, sino entrar a matar recibiendo con una estocada en todo lo alto sin necesidad de descabello. Pero él, impertérrito, siguió con lo suyo.

—La verdad es que tiene telenguendengues lo que hemos fumado lo españoles. El tabaco era asquerosamente malo, aunque, para compensar, los nombres eran muy poéticos. Los Ideales por ejemplo, que eran cigarrillos liados en papel amarillo y dulzón. El humo te entraba en el aparato respiratorio como una lija del nueve y te dejaba los pulmones alicatados hasta el pecho. Otra labor era la que llamaban Caldo de Gallina. En un tiempo de penurias económicas y gastronómicas, la gente debía pensar que aquel tabaco, además de entonar, era reconstituyente como la Quina Santa Catalina que le enchufaban a los niños... ¿Y la picadura? Aquél era el tabaco más entretenido, porque estaba lleno de estacas y palitroques que si no los apartabas antes de liar el pitillo, o no tiraba ni para su padre o te explotaba como una mascletá valenciana. Además, aquellas estacas tenían otra utilidad, porque se usaban como mondadientes o para hacer maquetas de la catedral de Burgos o de la Puerta de Alcalá... Luego estaba la variante catalana, que consistía en montar lo mismo pero en plan Sagrada Familia o la Pedrera, de Gaudí. Los catalanes siempre han sido muy suyos. Luego vinieron los Celtas, cortos y largos, con filtro o sin filtro... que, por cierto, qué poca sensibilidad la de Tabacalera de no haber sacado también los Iberos... y hasta los Cartagineses si me apuras.

Con esta frase, Bochiche encendió otro cigarrillo y yo aproveché la pausa para meter la cuchara.

—Por favor, Bochi, deja ya el temita que lo único que consigues es tirar piedras contra tu propio tejado y de paso estás dejando el mío arrasado... ¡así nunca vas a dejar de fumar!

—¿Y por qué coño tengo que dejarlo si me gusta?

—¡Pues porque tú mismo me has dicho que querías dejarlo!

—Claro, y tú no has entendido todavía que lo de fumar a secas es lo que me estaba resultando más que aburrido. ¡A mí, lo que de verdad me gusta y me apasiona es dejar de fumar! Esa lucha constante que supone decidir dejarlo al mediodía, volver a fumar a las tres y cuarto de la tarde, intelectualizar el problema, buscar razones objetivas para dejarlo y todo tipo de argucias y subterfugios para retomar el pitillo... ¡estar dejando de fumar ha dado pleno sentido a mi vida!

En aquel instante comprendí que mi única oportunidad era la huida. Mi pobre amigo era ya irrecuperable. Sin decir ni «mu» (que por cierto, es algo que nunca digo, porque me parece comentario de vaca), salí corriendo como alma que lleva el diablo. Sabía que pasaría mucho tiempo antes de que volviera a ver a Bochi y por eso se grabaron en mi mente sus últimas palabras:

—¡Espera, mujer... que te tengo que contar el ritual del fumador de pipa... y las excelencias del veguero cubano!

ALGUNAS VARIADAS ESTRATEGIAS, ALTAMENTE RECOMENDABLES Y HASTA NECESARIAS, EN EL DIFÍCIL TRANCE DEL ABANDONO DEL HÁBITO DE FUMAR

Primera estrategia

Cuando estás dejando de fumar —y éste es un proceso largo que se sabe cuándo empieza, pero no cuándo puede terminar— no debes juntarte jamás con un amigo/a conocido/a que esté inmerso en el mismo vía crucis que tú. Esto es un «sálvese quien pueda» o un «maricón el último» y no hay solidaridad ni espíritu de cuerpo que valga. Y no hay que dejarse sorprender, porque, por ejemplo, estás charlando tan ricamente con un amigo sobre la influencia de la máquina de vapor y los caminos de hierro en el desarrollo de la pintura impresionista (que es un tema que entretiene muchísimo) y, de pronto, el fulano va y te suelta:

—Chica, perdona si estoy algo nervioso, pero es que estoy dejando de fumar.

Reacciona inmediatamente. No te ablandes, no te dejes envolver con la cantinela llorosa de su agónica fruición tabaqueril y, con la última sílaba de su frase, replica con decisión:

—¡Acabo de recordar que ayer se murió don Bonifacio, el tío segundo del ahijado del marido de la cuñada de mi tía Lorenza y voy pillada de tiempo... como no me dé prisa no llego al entierro y no sabes cómo son mis cuñados con el protocolo funerario... además, tengo hora en el dentista.

Y con las mismas, sales disparada como un misil.

En cuanto recuperes el resuello, colocas a tu amigo en lugar de honor en la lista de personas a evitar. Con esta clase de individuos no se puede tener la menor compasión. Sus neuras y dificultades aumentarán las tuyas y en el mejor de los casos puede ocurrir que te ofrezcan un cigarrillo, diciendo:

—Sólo lo encendemos... y no se lo decimos a nadie, ¿eh?

Segunda estrategia

Tampoco es nada recomendable frecuentar a ciertos ex fumadores/as con su proceso de deshabituación prácticamente consolidado (más de cinco años sin una sola calada). Su furor de conversos es algo altamente peligroso, sobre todo si crees que su experiencia en este duro trance del destabacarse, desnicotinarse y desalquitranarse puede servir de refuerzo en tu firme voluntad desintoxicadora.

Imagínate que estás charlando con uno de estos especímenes. Por supuesto, ni se te ocurre sacar a colación el tema del tabaco (que por otra parte tienes siempre en mente, pero que te da como un canguelo y una cosa), pero lo que sí se te pasa por la imaginación es echar mano al bolso para sacar un kleenex de los del penúltimo semáforo. Entonces es posible que el militante de «ex fumadores anónimos» te paralice con el gesto y con el grito:

—¡Oye, no irás a fumar!

Y entonces te das cuenta de que el energúmeno está a punto de tirarse a tu yugular. Oyes como el gruñido sordo de un doberman y observas cómo por las comisuras de sus labios se desliza un hilillo de fresca baba. Comprendes que si hubieras sacado un paquete de cigarrillos del bolso te hubiera montado un pollo como un avestruz, pero un avestruz tamaño *Elephas Anticus*.

—¡No! ¿Qué dices?, si precisamente lo he dejado... bueno lo estoy dejando.

Al gilidoberman se le borra en el acto el rictus carnicero y te felicita sonriente con unas palmaditas en la espalda. Te sientes gratificada y te confías... qué error, qué gran error, qué inmenso error.

—Por fin has tomado la decisión correcta.

Y luego, con un tono de confesor preconciliar, te inquiere ladinamente:

—¿Y cuánto hace que tú... en fin, ya sabes...?

—No sabría decirte, pero más o menos... tres meses, cinco días, doce horas y treinta y siete minutos... segundo arriba segundo abajo, claro.

—Ah, entonces no llevas casi nada.

Y el muy perro se esponja en su carota de felicidad, porque intuye lo fácil que le va a resultar hundirte en la puñetera miseria.

—Pues no sabes lo que te espera, bonita... y, la verdad, conociéndote, no sé yo si tú vas a ser capaz...

Esa duda insidiosa y mezquina, dejada caer como el que no quiere la cosa, se te clava en algún lugar del cerebro iniciando una peligrosa oxidación en tu hasta entonces férrea voluntad. A continuación, el muy cerdo, se dedica a enunciarte las penas del infierno y pasa a contarte cómo, cuando él era jovencito y estudiaba en los jesuitas, en los ejercicios espirituales, mientras meditaban, el cura de turno sacaba a un alumno, casi siempre un castigado, a la pizarra, al enorme pizarrón negro de dos por treinta metros. Allí, el cura dibujaba un uno en la esquina superior izquierda del encerado y después, entregando protocolariamente la tiza al chaval, decía:

—Y ahora, tú, los ceros.

Y el chico gastaba tres paquetes de tizas dibujando redondeles blancos en apretadas filas para cubrir la enorme extensión negra. Todos aquellos ceros a la derecha del uno formaban, por fin, una cifra monstruosa y absurda que ni siquiera se podía leer. El profe mandaba a su sitio al penado recabando todo el protagonismo teatral del instante solemne.

—Pues si esta cifra enooooorme fueran años o siglos, o mejor milenios... no correspondería ni a un segundo si la compararámos con la eternidad.

A estas alturas del relato la víctima ya tiene la cabeza llena de billones de ceros bailando la lambada en su atribulado cerebrito. Es entonces cuando el sádico ex fumador se lanza a fondo en su tarea inquisitorial.

—Sobre todo tienes que retener esa idea de cifra enoooorme, porque ésos son los segundos que tienes por delante. No se deja de fumar en quince días, querida, ni en tres meses, que es lo que tú llevas, ni en «x» años... Se deja de fumar en un segundo, y en otro, y en el siguiente, y en el siguiente... ¡en todos los segundos! Pero ten presente, querida, que también en un segundo, en un único y mísero segundo... se vuelve a caer. Porque es en un segundo de duda o de debilidad cuando se enciende un cigarrillo, y todos los esfuerzos, todos los sufrimientos, todos los sinsabores... han sido en vano.

Y la cosa sigue en este mismo tono, que los segundos son muchos y la voluntad poca, que dejarás de fumar con el sudor de tu frente y que al final de los segundos, cuando se rompa el séptimo sello, el ángel exterminador separará a los buenos y amados de Dios, de los fumadores recalcitrantes y sin voluntad.

Tras todas esas explicaciones, la aspirante a ex fumadora ya cuenta con una perspectiva y una composición de lugar.

Está convencida, en suma, de que ante ese panorama y careciendo de la superioridad moral y la voluntad de hierro de nuestro interlocutor, el señor inquisidor aquí presente, lo mejor será echarlo todo a rodar, revestirse con el sambenito amarillo y suicidarse, comprándose cajas de Montecristo para fumarlos todos seguidos tragándose el humo.

Resultaría una obviedad insistir en la absoluta necesidad de evitar esta clase de gente.

Tercera y última estrategia

Seguro que muchos de ustedes piensan que las personas afables, cariñosas y tolerantes, personas que no han fumado en su vida, no sólo son completamente inofensivas a los efectos que tratamos, sino que incluso pueden ser una grata compañía, alivio de nuestras negras vicisitudes. Bueno, pues en realidad esas personas son como doña Guillermina, y doña Guillermina... ¡para qué les voy a contar!... aunque, sí, se lo voy a contar.

Doña Guillermina es como un estrato geológico en mi vida profesional. No recuerdo cuándo empezó nuestra relación, pero creo que ella estaba en la Redacción antes de que construyeran el primer edificio. De cuando en cuando aparece en mi despacho con dos cafelitos de máquina y empieza la charla. Normalmente habla de sus ovarios y sus matrices y sus cosas de por ahí, pero un día...

—Oye, que si quieres fumar que por mí no te prives, que comprendo que hay momentos... vamos, que tienes mi permiso.

¿Y para qué quiero yo su permiso si estoy en mi territorio y además no la he llamado? Por otra parte, si le molesta el humo no tiene más que... pero si yo ya no fumo, qué humo ni qué humo. Con el tiempo que hace que lo dejé, ya se podía haber dado cuenta la tía. Pues eso, que le aclaro el asunto y se pone tan contenta y venga risitas y parabienes. Entonces va y me dice:

—Bueno, como veo que has rectificado... ahora ya te lo puedo decir. La verdad es que a mí me dabas mucha pena... incluso, aunque me esté mal el decirlo, un poquito de asco, porque tan fina y con el cigarro siempre en la boca como un camionero... lo que habré sufrido yo. Sobre todo porque como estoy delicada de la garganta, me veía morir con tus humazos... y la ropa... al llegar a casa tenía que sacarla a la terraza...

La muy bruja había estado callada durante años como una... sin hacerme el menor comentario a la cara, pero seguro que poniéndome verde ante todo el mundo. A partir de tan amena conversación, a una lo único que le apetece cuando se tropieza con doña Guille es sacar el tabaco y ponerse a fumar como un carretero, ¡cómo el más zafio, ordinario y salvaje de los carreteros!

De la lectura de estas estrategias, como seguro que no se le habrá escapado al agudo y avispado lector (ésta es una forma habitual de expresarse, que en absoluto pretende venir a decir que haya un único lector agudo y avispado), se desprende una extremada reducción del círculo social del deshabituante. Está claro que si para sobrevivir al abandono del tabaco se debe evitar a los fumadores, a los ex fumadores, a los que lo están dejando y a los que no han fumado nunca, no queda mucho donde escoger. Pero «no son todas las personas tan discretas que sepan poner en su punto las cosas» y aunque esto no tenga mucho que ver con lo que hasta aquí se decía, viene en *El Quijote*, y ante tamaña autoridad no queda más que poner punto en boca.

Érase una vez un hombre pegado a un teléfono móvil

«EFE. 16 de septiembre de 1997.
El actor italiano Luca de Filippo no pudo contenerse al finalizar su actuación en La amante, *de Harold Pinter, en*

el teatro de Benevento, en el sur de Italia, y regañó al público por el uso de los teléfonos móviles durante la función. "No ha sido fácil mantener la concentración con tantos teléfonos móviles sonando en la sala", dijo De Filippo antes de que bajara el telón. Los espectadores se quedaron atónitos, pero reaccionaron con simpatía y apoyo ante la riña del actor.»

El teléfono móvil, que sólo hace unos pocos años era un exotismo reservado a ejecutivos, narcotraficantes y guardaespaldas de presidente USA, hoy es un objeto tan popular y cotidiano como el boli naranja que escribe fino o el boli cristal que escribe normal.

Los distintos pitidos de alta tecnología se han convertido en el ruido común de restaurantes, parques, terrazas, calles, mercados...

El teléfono móvil se ha ido haciendo más y más coñazo, hasta el punto de que algunos lingüistas sostienen que el término «coñazo» fue inventado hacía varios siglos por un filólogo vidente con el único propósito de que sirviera para describir la plaga del teléfono móvil que hoy arrasa nuestra sociedad.

Sobrevivir a la dicha plaga del teléfono móvil depende muchísimo de que una sea usuaria-usufructuaria o simple sujeto pasivo junto a un usuario de quien se espera algo más que conocer los pormenores de su vida por lo que le dice al pequeño cacharro.

Respecto al segundo caso, lo normal es que se haga referencia al tedio (a veces incluso a una indisimulada mala leche) que suele invadir a aquellos que se ven forzados a presenciar cómo su acompañante atiende una y mil llamadas de toda índole (la mayoría, evidentes gilipolleces), pero también se cuentan cosas espeluznantes, como aquella historia de dos amantes que en pleno escarceo amoroso (dicen que incluidos varios intentos de cópula) eran interrumpidos una y otra vez por el pitido del teléfono móvil de la señorita. Ella, además de ella, era ejecutiva y ya se sabe que las ejecutivas siempre tienen un móvil a mano (y un *attaché* de cuero negro, pero que aquí no viene al caso), para escuchar informes de sumisos varones y tomar decisiones sobre la marcha (o mejor, y en este caso, sobre el *coitus interruptus*):

—Compra eléctricas y vende petróleos.

A los hombres, lo de las eléctricas y los petróleos, en estas situaciones, les suele cortar el rollo, y para volver a ponerlos en suerte hay que trabajárselos con mucho mimo en los medios, como a los toritos de Galache. El caso es que el protagonista de nuestra historia, real o fabulada, volvía una y otra vez a meterse de lleno en la lidia, aunque con más voluntad que acierto, porque cuando estaba entrando por derecho volvía a sonar el aparato (el de ella, porque los de ellos sólo suenan en el folclore popular del tipo: «¡En c'a vez que te veo en la era, me da c'a chasquío el bolo... !»)

—Luis Carlos, escúcheme con atención: hay que plantear, como sea, un estrategia disuasoria. Y si los de MacPerson&Human Bodies quieren guerra, les lanzamos una OPA hostil desde el mercado de valores de Ginebra.

Nunca se supo qué entendió el voluntarioso garañón por lo de «OPA hostil», pero cuentan que agarró el móvil de un violento manotazo y, poseído por una fuerza interior indescriptible, la emprendió a golpes con la privilegiada cabeza de la ejecutiva, hasta que dio fin a su vida.

Tras unos minutos de jadeo desesperado, él volvió en sí y comprobó que estaba empapado en sangre y otros fluidos humanos. Sólo acertó a decir:

—La he matado. Hay que jo... y todo por culpa del puñetero móvil de los co... razones.

El sentimiento de culpa, tras el terrible crimen, se mezclaba con un cierto placer difícil de definir. Se quedó mirando el móvil que todavía conservaba en su diestra. Estaba abollado, fracturado y pringoso, pero comprobó, con cierto regocijo morboso, que todavía funcionaba.

—¿Policía?, me llamo Esteban y he matado a una hembra.

A Esteban, lo de matar a una hembra le sonaba a copla racial y a garcialorquismo fetén. Como a «Bodas de sangre en la casa de Bernarda Alba» o una cosa así. Cuando llegó la policía y le preguntó muy amablemente por el móvil del crimen, él les entregó el telefonillo.

—Perdone, pero éste no es el móvil.

—¿Cómo que éste no es el móvil? Una cosa es que se me haya ido la cabeza y otra es que me haya vuelto gilipollas.

—No, quiero decirle que éste no es el móvil al que nosotros nos referimos, sino el arma homicida.

—También son ganas de ponerse tiquismiquis, señor agente.

—Perdone, pero en nuestro oficio hay que ser muy escrupuloso con todo, incluido el lenguaje. Cuando le pregunto por el móvil lo que quiero saber es el motivo o la razón que le ha impulsado a cometer este horrendo crimen.

—Hombre... horrendo crimen... me parece un poquito fuerte, qué quiere usted que le diga...

—Pues lo que ya le he dicho: que cuál ha sido el móvil, el motivo.

—El motivo ha sido el móvil.

—Mire, a ver si nos entendemos... vamos a empezar por el principio.

Y así estuvieron más de hora y media hasta que llegaron a una solución de compromiso.

—Bueno, pues ahora que hemos llegado a un acuerdo, ¿le importa que use el móvil para llamar a Jefatura?

—No, por favor, es un placer... y coste que estoy seguro de que también lo sería para la propietaria... si pudiera hablar.

—¿Se refiere usted a la víctima?

—Sí, señor.

Mirándola, descompuesta y desnuda en aquel lecho revuelto y empapado de sangre, a Esteban le dio como un punto de melancolía.

—Con lo que ha sido esta mujer. Si la hubiera usted visto cuando llegaba a la oficina... los días que teníamos reunión, entraba ella en la sala con un bote de *spray* de esos limpiadores buenísimos que hay ahora y se tiraba sobre la mesa resbalando encima de una sábana enorme como la que ahora le cubre sus partes pudendas... Cuando llegábamos los hombres, ella decía: «Seriedad, señores... vamos a trabajar.» Me cuesta creer que ya no volveré a ver aquel numerito tan simpático, que hasta le grabaron para la televisión.

—Ya, ¿Jefatura?, sigo aquí, con el presunto homicida y con la víctima...

—Qué gracioso, es como si esta situación ya la hubiera yo vivido antes.

—Ese fenómeno se llama *déjà vu*.

—Que quiere decir «deja que te lo vea».

—No, «visto ya», de antemano, que eso ya lo he visto yo, que me suena total.

—Pues fíjese que ahora que caigo, es que es como en la película aquélla de Almodóvar, *Qué he hecho yo para merecer esto*, que la policía termina apurando la pata de jamón con la que Carmen Maura acababa de matar a su marido, que era un golfo y además no le daba placer sexual...

—Bueno, en este caso no es exactamente así, porque yo no me pienso comer su móvil.

—Bueno, entiéndame, mal comparao... pero es un poco lo mismo. Usted está llamando con el cuerpo del delito.

—Un momento. No confundamos el cuerpo del delito con el arma homicida ni con el *modus operandi*, porque ya estamos otra vez como antes.

—Perdone, no quería molestar.

—Si ya sé que lo hace con la mejor intención, pero es que, al final, me acaba liando.

Desisto de contarles el final de la historia y paso al segundo ejemplo.

Cuando una es la usuaria-usufructuaria del teléfono móvil —y no un simple sujeto pasivo—, las cosas se presentan de manera bien distinta, aunque, por simplificar, los peligros inherentes al caso pueden reducirse a dos grandes grupos: el de los que reciben llamadas continuamente y en cualquier insospechado lugar, y los que miran desesperadamente a la pantallita del cacharro sin que se produzca la llamada deseada.

En ambos casos se manifiesta un desorden psicológico, que en ocasiones puede ser severo, y que recibe el nombre de «movilopatía». Quien lo padece es calificado por la ciencia como «movilópata».

La manifestación menos grave para el sujeto suele producirse por exceso. Es decir, el primer supuesto. En estos casos, el movilópata dedica la mayor parte de su tiempo y energía a atender las llamadas a su móvil. Cuando se quiere dar cuenta, le cuesta comunicarse con la gente si no es a través del cacharro, aun tratándose de cosas tan trascendentales como que su Luisito ha terminado la ESO, su Ingrid Débora se ha quedado embarazada y su Concha le ha dejado por un homeópata tunecino. Sé yo de una amiga que un día se encontró en plena faena de vestirse a duras penas, con el teléfono en la oreja, cuando, de pronto, se dio cuenta de que no estaba hablando con nadie. El gesto era un acto reflejo de la movilopatía fina que había contraído.

Por lo que se refiere a la inoportunidad, la cosa está bastante clara: el móvil, como no tiene conocimiento ni capacidad de discernir en ciertas cuestiones, suena donde menos se lo espera el usuario.

Al principio, esto creaba grave confusión y desasosiego, porque no se acababa de entender el funcionamiento de la cosa. Así, cuentan de aquel ganadero salmantino con divisa verde y oro que, hallándose en un puticlub de carretera se vio sorprendido por la llamada de su recién estrenado móvil.

—Dígameeeee.

—¿Alipio?

—¿Quién ha sido el hijo de puta que te ha soplado que estaba aquí?

Sorpresa al otro lado de la línea.

—Encarnación, yo te juro, por la gloria de mis hijos y los tuyos, que he venido aquí engañado y que si me lo estoy haciendo con esta mulatona no es por gusto sino por una apuesta, porque unos amigos me dijeron que no tenía lo que había que tener para tirarme a una caribeña...

Silencio al otro lado de la línea.

—Encarnación, dime algo... no podemos echar por la borda veintitrés años de matrimonio... ahora mismo voy para casa.

—No te molestes porque no estaré...

Y sonó el *click* que ponía fin a la comunicación.

Las situaciones han cambiado mucho desde entonces y cuando se sorprende a alguien en una situación comprometida, lo normal es que no se autodelate. Al menos, al principio.

—Sííí...

—¿Armando?

—Sí, ¿quién es?

—Soy Pilar, ¿qué te pasa?

—No, no me pasa nada... es que... pero dime, dime.

Armando, a pesar de que la llamada le ha pillado en pleno acto mingitorio en una de esas piletas que les ponen a los caballeros en los servicios de ídem, no quiere dejar pasar la oportunidad para hablar de lo que sea con Pilar. Así que hace de tripas corazón mientras simultanea la tarea de sujetarse el móvil con el hombro derecho y la no fácil labor de terminar el pis, introducir la colita dentro del *slip* y proceder al cierre de la cremallera del pantalón. Muchas tareas para un hombre solo y excitado ante la voz meliflua de la hembra.

—¿Seguro que no te pasa nada?

—No, es que se me ha quedado una gota y la estoy sacudi... pero dime.

—¿Que estás qué con una gota?

—Ya, ya... dime.

—Oye, mejor te llamo en otro momento, éste no me parece que sea el adecuado para hablar de lo nuestro.

—No, Pilar, en serio que es que...

—Vale, te dejo... nos llamamos en otro momento.

Y pasa lo que tiene que pasar, porque es que, entre que cada vez hacen de peor calidad las cremalleras y que los hombres son como tan desmanotados y torpes ellos... Total, que Armando se acaba pillando su cosita, dando un horroroso alarido y tirando el móvil al terrazo tipo chopped, con enorme estrépito.

Lo de la entrada en la Casa de Socorro con el pinganillo atorado, tras oír los comentarios soeces del taxista, unos dolores de no te menees y las risitas de las ATS a la llegada, mejor no lo contamos, porque sería ensañamiento y mala fe.

La técnica de supervivencia ante estas situaciones no puede ser más obvia: se trata de apagar el telefonurri cada vez que el usuario vaya a hacer aguas menores o mayores; cuando entre a un cine, espectáculo operístico o similar; siempre que intuya la proximidad del acoplamiento o la caricia íntima; cada vez... ¡cada vez que el sentido común lo dicte, coño!, porque no podemos seguir tratando aquí al usuario del móvil como a un gili, sino como a un enfermo dependiente que necesita ayuda, y no malos modos.

El otro supuesto es digno de análisis clínico —me refiero al obseso que mira a cada instante la pantallita esperando que se produzca una llamada—. Y a propósito, se me viene a la cabeza la historia de Martita...

Marta no podía dar crédito. Las pilas de su móvil se acababan de agotar y en casa de su tía Sonsoles no había un maldito aparato desde el que hacer una reserva para la nueva programación del IMAX, *Las alas del coraje*, nada menos que la primera película con argumento en la historia del cine de gran formato rodado en tres dimensiones. Se la había recomendado su amigo Francisco, el de QED, un gran especialista en parques temáticos y en rarezas audiovisuales en general.

—Si quieres llamar, ahí tienes el teléfono.

Cuando su tía le dijo aquello, Marta sintió algo extraño. Casi se le había olvidado que antes del móvil hubo otros aparatos desde los que podía establecerse conversación con usuarios lejanos.

El teléfono que le ofrecía era una verdadera reliquia, de aquéllos de agujeros que había que hacer girar con el dedito. Marta miró el obsoleto cacharro y se dijo que hacer funcionar aquello debía ser como montar en bicicleta o nadar, cosas que, cuando las aprendes, no las olvidas nunca. Al fin, se decidió e introdujo su tembloroso dedo índice en el primer número para escuchar, entre atónita y fascinada, el tamborileo eléctrico primitivo que producía el disco al regresar a su posición de reposo.

Cuando iba por el cuarto dígito no pudo evitar la nostalgia de aquellos días de infancia y adolescencia, de la primera inocencia, cuando la ansiedad le estallaba en el pecho ante la expectativa de la voz que iba a contestar.

—¿Diigaméééé?

Era el chico que la tuvo loquita de remate tantos años, pero al que nunca se atrevió a dar una pista lo suficientemente clara para que él se lanzara... y Marta, Martita, colgaba cuando él decía aquello tan suyo ante el silencio de la jovencita:

—¡Me voy a cagar en la leche que le dieron al cabronazo que esté al otro lado de la línea, que's que hay que jo...!

Cuántos recuerdos se acumulaban ahora mientras escuchaba el tono de llamada. Y de pronto:

—Kcsshsheel, número marcado no existe, clkscs shsh, el número marcado no existe.

O sea, que la estaban llamando gilipollas por la cara, porque ni marcar sabía, se suponía. A lo peor, ni montar en bici, ni nadar, ni tocarse el telenguendengue...

Colgando el teléfono con una violencia que hubiera destrozado el móvil, le espetó al aparato:

—¡Gilipollas lo serás tú, grabación de mierda!

—¿Qué te pasa Marta, te encuentras mal? —preguntó su tía, alarmada por las voces.

—¡Yo estoy perfectamente, la que está hecha una mierda es esta antigualla de teléfono que tienes!

—Pues hija, yo llamo todos los días... y estupendamente.

Volvió a sacar el teléfono móvil del bolso para ver si, por un casual electrónico, había revivido la pantallita de cuarzo, pero que si quieres arroz.

Marta se angustió, se sintió perdida, desconectada del mundo. Si en aquel momento alguien estuviera intentando llamarla... por algún accidente, o la modista, para una cita... Salió disparada casi sin despedirse y corrió hasta su coche como si la persiguiera el estrangulador de Boston o un inspector de Hacienda. Allí estaba, con toda su belleza electrónica, el cargador del móvil. Puso el motor en marcha y encajó el teléfono en su sitio con cautela. La pantalla cobró vida y en ella aparecieron la fecha, la hora y el logo de la omnipotente Telefónica.

—Ahora, vamos a esperar a que suenes.

Condujo tres manzanas, pero el móvil no sonaba. A la quinta, Marta empezó a sudar copiosamente, a pesar de que llevaba el aire acondicionado a tope. Marcó el número del buzón, contuvo la respiración y: «No tiene mensajes nuevos en su buzón de voz. Para volver al menú principal...»

Sólo habían pasado unos diez minutos desde que colocara el móvil en el cargador... y ¡la pantallita se había vuelto a borrar!

Ahora sí que estaba perdida por completo. Algo se había estropeado. Un cable o algo así, aunque los móviles no tienen cables... sería un circuito o un *chip*...

Buscó una tienda de móviles, pero ya se sabe que con las tiendas de móviles pasa como con los policías, que cuando no ocurre nada los hay en abundancia, pero como los necesites... Aparcó y bajó a preguntar a un individuo, que resultó ser un turista noruego, que a su vez la interrogó...

—¡Y yo qué sé dónde está la casa donde vivió Lope de Vega, pues lo que me faltaba para el duro!

Al fin, en lontananza, divisó el logotipo de una móvil-tienda. ¡Estaba salvada! O eso creyó por un instante. La tienda estaba cerrada y un cartelón anunciaba el inminente cambio de negocio.

Marta perdió el control de sí misma en su propia mismidad y la emprendió a patadas con la puerta. Sonó la alarma, la gente empezó a congregarse a su alrededor, llegaron los del 092... A Marta no había manera de alejarla del lugar, y el pataleo se había tornado ya risa histérica.

Los municipales consiguieron convencerla para que les acompañara:

—Éstos, con tal de llevarse algo... si no pillan un BMW, pillan a una señorita.

—La culpa es de los propietarios de los perros que tienen todas las calles perdidas de mierda.

—¿Y qué tiene que ver eso ahora?

—Pues tiene que ver que yo estoy de Álvarez del Manzano hasta más arriba del moño, que ha convertido Madrid en un estercolero gigante.

—Venga, señora, corte el rollo.

Cuando Marta despertó, ya estaba en su casa, en su camita, en su confort. Su madre la miraba mientras le acariciaba la mano derecha. La de pulsar los numeritos.

—El doctor dice que te has vuelto movilópata.

Por el tono y el gesto de su madre, a Marta aquello le sonó como a tener sida o enfisema pulmonar. Empezó a reconstruir la historia y se estremeció al pensar que había pasado a ser móvil-dependiente, así, como sin darse cuenta. Dependiente, adicta a un aparato sin el cual había pasado la mayor parte de su vida.

Se puso a pensar y a enfriarse la cabeza. Tenía que iniciar una terapia específica.

Para todos aquellos que no dispongan de tiempo o posibles para darse unas sesiones de diván psiquiátrico, ahí va nuestra fórmula de supervivencia para el caso.

Ante todo, hay que volver a los orígenes, aunque sin pasarse y sin hacer esas tremebundas regresiones que hacen los yanquis, porque, a lo tonto a lo tonto, acaban todos odiando a su padre por presuntos abusos sexuales en la infancia al recordar que una vez les puso a hacer pipí en el alcorque de un enebro, y el asunto debe tener un significado.

Los orígenes que vienen a este caso son los del uso del teléfono tradicional (convendría utilizar un modelo de mesa y otro de pared), y habría que empezar por sesiones de marcar números de abonado mediante el primitivo sistema de meter el dedito en el dial, girar a la derecha hasta el tope y dejar que el disco vuelva a su ser, para proceder con el siguiente.

En estas sesiones, al principio, hay que atender con preferencia a la preparación física, el estado muscular y el juego de tendones y ligamentos. Hay que lograr una buena digitación, así como un eficaz juego de brazo y muñeca. A partir de ese momento, ya podemos ocuparnos de mejorar la técnica, porque ya sabemos cuál es el mejor agujero para cada dedo y también qué dedo es el mejor para cada agujero. Esto último no es ninguna bobada (por mucho que lo parezca) porque, aunque suele ser el índice en casi todos los casos, los buenos marcadores telefónicos siempre utilizan el meñique para marcar el cero.

Terminada esta sección, puede continuarse el *training* con llamadas en las que se imite a Gila. En primer lugar, la reclamación al señor Emilio, el encargado de la fábrica de armamento, para decirle que el submarino de color, bien, pero que no flota. Luego se ejercita la llamada desde el Congo a Toledo para explicarle a la madre (una de azul muy bajita, muy bajita) cómo son los animales de la selva. Finalmente, se procede a ensayar la charla telefónica con el director del colegio del chico, revisando la factura y reclamándole por el concepto «desgaste de patio»: habrá que pagarlo a medias, porque a nosotros también se nos desgasta el chico con el suelo del cole.

Para concluir el tratamiento es preciso, como en el psicoanálisis, bucear hasta el fondo para encontrar los orígenes y la raíz profunda. Y como a estas alturas no cabe la menor duda de que el primer móvil fue el tan-tan, hay que aplicarse a tocar un rato todos los días mientras se repite el siguiente mantra: «Hare móvil, hare, hare, hare móvil, hare, hare, el móvil es un medio, no es un fin; la función no es el órgano; la herramienta no es la tarea; dad al móvil lo que es del móvil y a la persona lo que es de la persona, hare móvil, hare, hare, hare móvil, hare, hare.»

Todo ello, eso sí, acompañado con unos taquitos de jamón y lonchitas de mojama, una manzanilla fresquita, unos piquitos y su buena dosis de cachondeíto, que la vida es la leche y a todo móvil se le encuentra en la calle.

Epílogo

Como fácilmente podrán imaginarse, la vida nos da también otros agobios, así que vivir es también sobrevivir a otras muchas cosas que en esta ocasión se me han quedado en el tintero: a un viaje organizado; a una suegra dominante; a un compañero de trabajo trepa; a un divorcio sin acuerdo; a una lucha por la custodia de los hijos; al principio del envejecimiento... Pero con la ayuda de ustedes quizá sea posible abordar esos temas. Dicho de una manera más directa: si ustedes agotan algunas ediciones de esta primera entrega, es más que probable que la editorial me encargue una segunda parte de *Agobios nos da la vida.*

Disculpen este final, pero inevitablemente me ha salido la deformación profesional que provoca esa continua angustia de las audiencias... Vamos, que, para ser sincera, más que un epílogo, esto ha sido un algo así como: «No se vayan, que miren qué cosas más estupendas y divertidas vienen después de la publicidad...»